# Éditions DIASPORAS NOIRES

www.diasporas-noires.com

©Philigence Faye 2017

ISBN version papier : 9791091999809

ISBN version numérique : 9791091999793

Date de publication : 8 mai 2017

# PHILIGENCE FAYE

# MOTS ET MAUX
# DE MA MAIN

## Poèmes

« Nos mains savent mieux parler que nos bouches, elles savent que les mots de nos doigts peuvent délivrer l'être de ses maux. »

« La liberté des mots de ma main est source de délivrance de tous ces maux enchainés par la misère et la méchanceté humaine. »

« La main en colère ne se laisse jamais dominer. »

# LES LIGNES DE L'ESPOIR

Là où il y a la vie, il y a toujours de l'espoir. « Les lignes de l'espoir » est la synthèse de six poèmes abordant l'éveil des peuples ensevelis dans une ambiance aphone. L'espoir ne peut renaitre qu'à partir de la confiance qu'on a de sa vraie valeur. Le dépassement de soi débute par la réalisation concrète des pages de l'espoir.

# ACROSTICHE RÉSONNANT

Pour être un homme serein et prudent

Harmonise ta vie par un geste humble,

Intelligent que tu sois, creuse ton esprit ingénieux,

Le prix de la confiance, c'est d'être loyal,

Influent est celui qui connecte son cerveau inspiré,

Gloire à la femme qui respecte l'homme galant,

Entre désespoir et déprime soit toujours épanoui,

N'a pas de futur, celui qui renie son trésor naturel,

Chaque humain possède en lui un don charismatique,

En plus, ce nom sera inscrit au livre éternel.


# ÂME DU NOIR

Tant que la Terre tournera,

Dans nos veines, le sang cheminera,

Et tant que Dieu le voudra,

À jamais, la main noire répondra,

Nous sommes le plus beau paysage,

Où le cauris est resté un instrument de présage,

Le proverbe des anciens est considérable et révélateur,

Le combat du futur, c'est la bataille de tout un continent porteur,

Même dans le silence,

Ta voix s'est fait une louable évidence,

O, toi espoir de toute une nation,

Tu es notre seule chance dans cette pénible mission,

Ton amour a grandi dans notre conscience,

Ton sol est la mère de toute science,

Tu es le piment qui rafraîchit notre espoir,

En toi, nous cueillons les leçons d'un vrai devoir,

Nous sommes les plus beaux fils du monde,

Éclairés par les rayons d'un lendemain d'onde.


## VÉCU D'AFRIQUE


Fier de vivre les expressions de l'Afrique ancestrale,

Je m'instruis de la civilisation noire fondamentale,

Je suis digne d'avoir étalé ma carte d'identité historique,

Je me ressource au pied des racines de l'arbre d'Afrique,

Je ne suis pas gêné d'avoir un vécu noir,

Mon existence ne s'apparente pas au coup d'œil du soir,

L'ile africaine est pour moi, la terre du patrimoine,

Espace où les hommes ont un cœur de moine,

J'ai hâte de réécouter les bienveillants mots de Grand-mère,

Juste pour redécouvrir l'Afrique et sa grammaire,

Terre où la perfection n'est pas individuelle,

Lieu où l'antiquité sera toujours actuelle,

Je resterai vertueux de ses promesses du passé,

Pour que le savoir de demain ne soit pas dépassé.


## LE VISAGE DE L'AFRIQUE


Seulement la vérité, l'homme intègre, Thomas Sankara,

N'a pas accepté de porter les habits venus d'Occident; d'Ankara,

Les pas imprimés de peine d'un antiraciste comme Mandela,

Affichent le réel combat d'un apartheid qui étincelle jusqu'au-delà,

L'Afrique est attachée à la vraie citoyenneté de Félix Boigny,

La Cote d'Ivoire est fière de la réalité d'une telle compagnie,

À Dakar, le nom de Bourguiba ne sera pas oublié grâce à
l'Avenue Bourguiba,

Sa mort palpitera comme l'onde d'un cœur qui bat,

Je voudrais revoir en ce moment, Augustino Neto,

Dans un monde où l'Afrique aurait la voix d'un veto,

Un grammairien, un littéraire et président à l'image de Senghor,

Devrait nous bercer de ses mots encore,

Revoir l'univers sanguinaire de Mobutu,

Me fait penser au massacre hutu,

Le Gabon est inséparable de la famille Bongo,

La paix doit être le combat d'Amnesty International au Congo,

Aurais-je voulu revoir Good Luck Jonathan ?

Non, la page est tournée pour effacer les souvenirs d'antan,

La Guinée Bissau a pleuré sous le régime de Coumba Yala,

Les cadavres sont orphelins de leur sang, voilà !

Une terre de dictature où on a vu que de la mort,

Une politique malsaine qui y a vraiment tort,

À lui seul, le Bénin ne peut être dirigé par Boni Yayi,

L'Union d'un groupe ne peut être trahie,

La Cote d'Ivoire a peiné dans les derniers moments du règne de Gbagbo,

Pouvoir mis fin par une mission commando,

Le message fertile d'Hamilcar Cabral,

Contribue à rehausser notre raisonnement cérébral,

L'armée malienne a vu partir Amadou Toumani Touré,

Renversement ouvrant les portes de l'échauffourée,

Je ne cesserai de sensibiliser le président africain,

Parce que Martin Luther King l'a même fait pour un noir américain,

Pourquoi pas la résolution de toute cette peine ?

Pour que l'on puisse aboutir à une Union Africaine ?

## LE HÉROS NOIR

Le noir, je le considère comme un homme de gloire,

C'est à travers sa façon de vivre que je comprends son attitude,

L'africanisme, une idéologie créée, l'estime comme l'ombre du soir,

Je me glorifie de la vaillance de sa paradisiaque habitude,

Les séparatistes préfèrent leur voir comme un dépotoir,

Ne vous limitez plus aux rumeurs personnelles contraignant leur rectitude,

N'aimeriez-vous pas explorer l'hospitalité de son patrimoine de foire ?

Au cours du temps, la race noire n'a jamais voulu connaitre le désespoir,

De son intelligence et de sa force naquit le véritable espoir,

Demain, je ne verrai plus en eux la lourde tâche de la servitude,

J'adore contempler les Peuls, les Dioulas, les Mossis avec leur beauté noire,

Futurs cadres noirs et métissés, ne vous laissez pas animer par la turpitude,

C'est avec ta peau noire que tu dois compter pour pouvoir y croire,

Je me réjouis d'être le témoin de la nouvelle intégration de la négritude.

## « A'FRIC »

Un jour viendra,

Où l'Afrique à elle seule y parviendra,

Un jour où l'histoire de l'Afrique s'exprimera,

La pauvreté, un souvenir; ça sera,

De la dignité et de la gloire, fini d'être un mouchoir,

L'humanité lui accordera son vrai pouvoir,

La nuit s'éteindra,

Elle laissera la place au matin qui se peindra,

L'Afrique ne sera jamais morte,

Elle garde toujours le sourire de sa terre forte,

Bien qu'elle soit blessée,

Endurante, Elle ne s'est pas laissée,

L'Afrique est la terre fière de son sol fertile,

Le cœur de ses hommes n'est pas hostile,

L'Afrique prépare demain,

De peur qu'elle ne ressente pas les critiques du lendemain,

Un jour, l'Afrique sortira des ténèbres,

Elle verra le soleil des jours célèbres,

Belle comme l'éclat de la lune,

Sa réussite restera gravée dans les pages à la une,

Elle ne sera pas orpheline,

Terre prometteuse, enlève cette épine,

Afrique, ne te tais point !

Tes enfants te guideront avec soin.

# LE CHEMIN DE LA NATURE

La nature est le chemin par lequel l'être retrouve la plénitude d'une vie de douceur. Elle est un élément de survie, de recréation, de subsistance… L'homme est essentiellement nature parce qu'il est poussière. Son corps est une forêt parce qu'il vit grâce à l'environnement. La nature est le premier signe de protection pour l'humanité. Cette dernière se rassure grâce à son influence. La nature est en elle-même Art puisqu'elle inspire tout artiste, elle est un lieu de repos puisqu'elle permet à l'individu de se distraire et de contempler ses merveilles. Cette composition de 31 poèmes plaide pour la protection, la valorisation, le respect, etc., que devrait avoir l'homme à l'égard de l'environnement ? L'être doit à la nature ce que l'océan doit à l'eau.

# AMITIÉ AVEC LA NATURE

Un jour en tant que touriste,

Je bavardai le long d'une piste,

J'empruntai un labyrinthe,

D'une vie quotidienne de contrainte,

Une voie si longue et tendre,

Défiant cette tâche d'apprendre,

Me rappelant la joie de vivre,

Comme l'existence d'un bon livre,

Feuilletant les pages de Larousse,

Pour connaitre ta signification si douce,

Qui me poussa à me marier avec la nature,

Chaque jour, je cherchais cette pâture,

Qui devait me lier à mon âme,

Vraiment, toi qui as le caractère d'une dame,

Tu ne te lasses jamais de me faire plaisir,

Parce que je retrouve en toi le désir.

# AROMES DU SÉNÉGAL

Pays qui fascine,

Qui est ravissant,

Et qui sera toujours attirant,

Le Sénégal est le nid d'une mixité religieuse,

Il y a le cliché d'images qui nous font sourire,

De ce mbalax qui nous entraine dans des foulées effrénées,

Flairer son encens nocturne est une expérience unique,

Parler du Sénégal sans parler du dialogue des peuples,

C'est marcher sans être guidé par ses yeux,

L'arôme de l'huile de palme nous fait revivre,

Pays où les feuilles d'arbres sont des remèdes,

Lieu où on aime l'entraide,

Terre où l'hospitalité sera toujours à jour,

Chacun a besoin du coup de main de l'autre,

Visiter le vrai visage du Sénégal,

C'est explorer un univers jamais vu,

Marcher sur le sol Casamançais,

C'est écouter le son des dauphins et des oiseaux fluviaux,

Sa petite côte est le ventre de toutes les richesses naturelles,

La mangrove y fleurit,

Le rônier y domine par la portée de sa taille,

Au Sénégal, on peut se laisser arroser par l'eau des Chutes de Dindéfélo,

On y arpente l'élévation des falaises de Thiès,

On se balade sur les dunes blanchâtres du désert de Lompoul,

Le goût du riz de Saint-Louis nous empêche d'aller au loin,

Le cri des oiseaux du Djoudj contredit le sommeil de la nature,

Les nénuphars du Delta du Saloum encensent le cœur éperdu des touristes,

Dakar est le nez qui le fait respirer,

Saint-Louis est le front protecteur de son hétérogénéité,

La Casamance est son pied missionnaire,

Matam et Bakel représentent son cerveau protecteur,

Tambacounda est son manteau révélateur,

Le Sénégal ne vit pas dans l'ombre de sa richesse,

Il a dans son âme, d'essentiels aromes vivants.

## AU CHEMIN DE L'ENDURANCE

Aujourd'hui, j'ai décidé de faire le tour du monde,

À travers ces mots, je ferai la ronde,

Je m'éloigne des côtes sablonneuses de mon pays bandées de décor frisé,

Je quitte Dakar pour les Pyramides de Gizeh,

Je fais un raccourci pour fixer les temples creusés dans la falaise d'Abou Simbel,

Sanctuaire de l'esclavage, L'Égypte pharaonique dure comme le cœur d'un rebelle,

Je prendrai le relais de la Ka'ba,

Pour prier de ne plus être ceux d'en bas,

Je grimpe sur les hauteurs de la ville d'Athènes,

Lieu où je pourrai rendre visite à l'Acropole d'Athènes,

Je dénoncerai tous les crimes d'Harlem,

En parcourant le Mur des Lamentations de Jérusalem,

Je suis amateur de combats de lutte subtilisée,

Je sais qu'à Rome, je pourrai suivre les spectacles dans le Colisée,

Je cherche à connaitre l'ancienne cathédrale de Constantinople et sa philosophie,

Quelqu'un m'a montré la splendeur de la Basilique Sainte-Sophie,

L'Italie avec sa Tour de Pise,

C'est réellement ce que je vise,

Sachez qu'en Chine, il y a la Cité Interdite,

Vous ne serez jamais maudite,

Je briserai dans la cordillère des Andes les tas de micas,

En y établissant la haute cité étagère du Machu Picchu bâtie par les Incas,

Je garde mon souffle pour endurcir ce long chemin chinois de la Grande Muraille,

Ce chemin de croix s'apparente au train qui déraille,

Je prends ma truelle pour sculpter les statues de l'Ile de Pâques,

Je poursuivrai les pilleurs pour leur coller des traques,

Je saisis la boue pour aménager les mosquées de Tombouctou,

Place où la diffusion de l'Islam devint un avéré atout.

## AU RYTHME DE LA VIE

Brésil, terre de carnaval assaisonné de Samba,

Laisser le rythme de la cadence pour vénérer Cheikh Ahmadou Bamba,

Voyager au cœur du Japon pour éprouver l'élégance du Soleil Levant,

Surpasser l'Occident pour que l'Afrique soit au-devant.

Vibrer au rythme de la Fiesta Cubana,

Sans oublier de faire le farniente dans les plages de Copacabana,

Marcher sur les hautes montagnes de l'Himalaya,

Pour s'adapter au trekking des Mayas,

Inviter les excursionnistes pour feuilleter les mystères du Pharaon,

Faire du safari Kilimandjaro pour capturer le faon,

Retour au Maghreb pour vivre aux allures de la vie berbère,

Prendre le TGV pour se souvenir de cette création austère,

Saint-Jacques de Compostelle, attention, le train déraille,

Fuir le danger pour se cacher près de la Grande Muraille,

Éthiopie, réveille-toi, tu es la terre des origines du monde,

Ternir la peau noire pour se métamorphoser à la couleur blonde.


## CIRCUIT D'AFRIQUE


L'Afrique est un panorama inestimable de bonjours,

Chaque matin le coq annonce le début du jour,

Ton eau-de-vie est le Fleuve Nil,

Ton peuple se nourrit de poissons et de mil,

L'Égypte fleurit par ses Pyramides de Gizeh,

Il ne manque pas de se faire voir par son Pharaon déguisé,

L'Afrique est mélancolique des coups de feu de Luanda,

Les machettes de rebelles martyrisent les terres du Rwanda,

Le miroir embellit le Deadvlei de la Namibie,

Le terroir rime avec les sifflets des Chutes Victoria de la Zambie,

L'Afrique, île de néocolonialisme avili,

Est féconde depuis cet esclavage aboli,

Il existe une langue qui s'appelle le Kirundi,

Comme il y a un pays qui se nomme le Burundi,

Le commerçant se réclame comme le Dioula,

Le Pula du Botswana[1] nous permet d'avoir tout cela,

L'Afrique orientale s'exprime en Swahili[2],

Elle se modernise via le Kiswahili[3],

Ta culture fulmine grâce aux cérémonies des Oscars,

L'Allée des Baobabs[4] embellit le Madagascar,

L'Afrique est une véritable matrice,

Parce qu'elle ressemble à la Cascade sous-marine de l'Ile Maurice.


## CUBA


Je flotte dans cette eau avec un tuba,

Pour atteindre les côtes de Cuba,

J'accoste dans cette ville, La Havane d'aubaine,

---

[1] Est la monnaie du Botswana
[2] Est un groupe de langues bantoues de l'Afrique de l'est parlée en Ouganda, au Kenya, en Tanzanie, aux îles de Zanzibar, aux Comores, au Rwanda…
[3] Le kiswahili (langue vernaculaire), langue bantoue, originaire du sud du Kenya qui s'est métissée à d'autres langues africaines et à l'arabe.
[4] L'allée des baobabs ou avenue des baobabs borde la route de terre entre Morondava et Belon'i Tsiribihina dans la région de Menabe à Madagascar.

Pour ressortir mon âme cubaine,

Je suis abimé par le temps qui passe,

Je cohabite avec des hommes de classe,

Cuba est une terre où défile l'image des Cadillacs roses,

Mon âme cubaine me fait écrire ses proses,

À La Havane, les clichés ont la peau dure,

Les sources disent que je suis dans une étendue sûre,

Je me laisse entrainer dans un tourbillon de folie,

Mon séjour cubain est d'une musicalité polie,

Je ne cesserai de prononcer les mots de Fidel Castro,

Je sais que Cuba attire ses visiteurs par ses bistros.


## LE DÉSAMOUR DE LA VILLE


Nous sommes de retour dans ce prodigieux paysage,

Notre cerveau s'anime au bord d'un village,

Nous avons abandonné ces boulevards,

Pour écouter les conseils de ces vieillards.


Exténués par l'explosion urbaine de la capitale,

Nous laissâmes en arrière ses tonalités virales,

Ici, il n'y a plus de Bazar,

Tout ceci n'est plus du hasard.


Nous avons franchi cet ancien rempart,

Nous avons croisé le chemin du départ,

Nous sommes sous ce chaud soleil champêtre,

Semblable à un animal prêt à paître.


La verdure campagnarde est un parasite faufilant,

Attirant l'abeille et son essence défilant,

Nous avons humé le décor rural de ce parcours,

Qui nous fait abandonner un pareil recours.

# ÉMIGRÉS DU SENEGAL

J'aimerais revenir au Sénégal,

Pour me rappeler de ces beaux jours de régal,

J'ai envie de passer dans un tangana[5],

Là où, j'oublierai mes souffrances du Ghana,

Je retournerai à Dakar comme à Palmarin,

Pour fleurer le parfum de son cocotier marin,

Je me souviens de mes séjours passés à Fatick,

Où je pouvais voir mon grand-père et son bâton de stick,

Le Sénégal est ma terre d'espérance,

Partout où je pars, je retiens le discours de ses hommes de référence,

Ce paysage d'Afrique n'est pas semblable à celui de Copacabana,

Il est unique de par ses plaines laissant de la place aux lions du pays de la Teranga,

Pour tous ceux qui sont de Kaolack,

Soyez fiers de vivre avec cette jolie flaque,

---

[5] Est une gargote populaire du Sénégal

Je retiens le souffle de ces jours passés au désert de Lompoul,

J'étais dans la pénombre avec cette séduisante ampoule,

Je pleure chaque matin de marcher sur le sable de Saint-Louis,

En me souvenant de l'eau que je buvais au fameux puits,

Je désire chanter avec les oiseaux de Tambacounda,

En étant en harmonie avec la musique de Toure Kunda,

Je compte me ressaisir de mes liesses de la porte de l'Afrique,

Cette terre marquée par sa richesse ethnographique,

Mon ivresse est de retourner à ce quai du port,

Qui me permettra de visiter Ziguinchor,

Je louerai le bateau de croisière le Bou El Mogdad,

Pour me libérer de mes dures nuits passées à Bagdad.

Terre d'hospitalité et de consensus,

Ton peuple s'entraide comme les éléments Rhésus,

J'admire les merveilleuses paroles de l'ethnie sérère,

Qui dansent aux miracles d'une mort si sévère,

Je quitterai paisiblement Ouagadougou,

Pour revivre l'arôme du vent miraculé de Kédougou.

# EMPREINTE DU MAGHREB

Véritable palette d'un impressionniste,

Le Maghreb est une manne de couleurs,

Enseveli par des montagnes et du désert,

C'est l'espace d'un dépaysement surnaturel,

Cour des Miracles des temps modernes,

Son passé porte la marque d'un spectacle de marché,

Endroit où le désert attire les charmeurs de serpents,

Ton oasis est un bouclier porteur d'eau,

Le romantisme de tes écrivains de la rue,

Exprime la robustesse des vrais hommes du désert,

L'arôme du tourbillon de ton sol séduit les épines,

Ton espace chante et psalmodie,

Au tempo d'une juste frappe de mélodie.

## IVRESSE DU SINE SALOUM

Espace où le Ciel bleu et la terre se côtoient,

Endroit où la pluie est le levain de toute récolte,

Le Sine Saloum est le lieu où on voit les cocotiers qui dansent,

Ses lacs salés sont le miroir de sa beauté,

Ses rôniers sont amis avec les herbes qui poussent,

Ses perroquets imitent le chant du vent tournoyant,

Les crocodiles y sont en toute liberté,

Le Sine Saloum allaite des mangroves de toutes sortes,

Ses eaux douces sont les veines de son corps,

Les étrangers y font des promenades romantiques sur la selle d'un cheval,

L'odorat du Sine Saloum reflète le parfum des jours de récolte,

Ses jus de fruits sont d'une douceur idyllique,

Lieu où on peut s'aventurer avec la gaieté contagieuse des gens,

Site où chaque détail de couleur, de dessin a sa place,

Le Sine Saloum est le coin des incantations païennes,

L'offrande aux dieux y est incontournable,

Paysages sublimes d'arbres succulents,

Là où le baobab est le roi de la forêt,

La tonalité du tam-tam enveloppe l'être dans une sorte d'état second.

La résonnance de la mer sonne comme une berceuse,

Le mélange du henné redonne le sourire aux femmes,

Le mouvement des mains féminines donne du courage aux hommes des champs,

La voix de ses griots est la drogue des hommes de l'arène,

Lieu où la voix des vieux revêt une grande importance,

Le Sine Saloum ne saurait se taire face à ces acclamations.


## LA BALADE AUSTRALE D'UN CURIEUX


Quand on voyage en Afrique du Sud,

Il faut tourner le dos aux océans,

Grimper sur la montagne de la table,

Relief de crête qui imite un banquet de géants.


Cape Town s'élève contre l'apartheid,

Bout de terre qui s'avance dans l'eau comme un bateau congelé,

Quand on marche jusqu'au mal nommé Cap de Bonne Esperance,

On a une vision panoramique de l'infini,


Il y a la mer et seulement la mer,

Le réel et simplement l'authenticité,

Quand on part aux pays des cinq couleurs d'Afrique,

On y laisse tous les archives d'un safari,


Riche des colorations de perles attachées au cou,

Aisance d'ethnies timbrées de métissage,

Visiter la ville moderne de Johannesburg,

Sans négliger de mettre les pieds dans la demeure de Mandela.


## LA CHALEUR DU VOYAGE


Je ferai un voyage avec un véhicule tout terrain,

Je sortirai hors des sentiers battus,

Sur mon trajet, je choisirai des itinéraires variés,

Je conserverai l'authenticité de mes rencontres,

Sénégal, paysage où il y a toujours la présence du soleil levant,

Terre où l'élégance des couleurs apparait au soleil couchant,

Je passerai une nuitée dans un campement de Mbodiène,

Je traverserai à pied le désert blanc de Lompoul,

Déjà présent, je sentirai la chaleur de l'accueil local,

De Dakar à Bakel,

En passant par Ziguinchor jusqu'à Saint-Louis

Je tâterai le sourire des peuples de l'intérieur,

Aussi curieux comme l'œil d'un touriste,

Je me baladerai à dos de dromadaire à Podor,

Je ferai un feu de camp à Dindifélo,

Pour admirer la descente de l'eau de ce paradis,

Je frayerai le mystère de la découverte,

Pour m'engouffrer sur les méandres du Sine Saloum,

Je me vêtirai comme un Kankourang

Pour faire face aux hyènes de la Casamance,

Par le chemin tracé par les hippopotames,

Je verrai la verdure de la mangrove,

Longeant les dunes de sable du Nord,

Je découvrirai la rapidité des lapins et des écureuils,

J'humerai la charmante brise du Fleuve Sénégal,

Je me plairai à goûter à la fragrance des palmiers du Sud,

Les jalons des contreforts du Fouta-Djalon,

Seront ma prochaine perspective de résistance,


## LA DANSE DES MOTS


Au cœur du climat chaud de Matam,

Je prête l'oreille à la succession des cordes du xalam,

Dans cette audience de l'orchestre de la kora,

Restent impressionnés tous les migrants de la diaspora.


Le tam-tam démantèle le talent de ces femmes de sabar[6],

Il n'en restera hasardeux aucun malabar,

Comme la force effrénée d'un typhon,

Les mains articulées de l'artiste façonnent le balafon.

---

[6] Est un mot d'origine wolof désignant à la fois un instrument de percussion, un style de danse sensuelle et de musique populaire du Sénégal et de la Gambie.

Je ne serai nullement dans un si profond coma,

Grâce aux murmures mesurés du Tama[7],

La danse des bras de ceux qui scandent le yéla[8],

Retrace les accents ponctués d'un gala d'a capella,

La scansion des dix doigts de femmes frappant cette calebasse de gamb[9],

Chante le courage des héros du Lamb[10],

Les femmes sérères qui battent de l'aile,

Sont enflammées par le mariage des calebasses de Nguél[11].

---

[7] Également appelé le tambour parlant, le Tama est un instrument de percussion originaire de l'Afrique Occidentale.

[8] Signifiant le vœu exaucé, le yéla est une chanson de geste de certaines ethnies du Sénégal comme les pulaars, les soninkés et les mandingues

[9] Est une calebasse entière, évidée, sur laquelle on frappe avec les doigts bagués. Cet instrument de musique est utilisé pour la plupart du temps par les sérères et les pulaars.

[10] Lamb ou la lutte traditionnelle sénégalaise est un sport traditionnel très populaire.

[11] Est un style de musique sérère utilisant la calebasse pour produire un son ressemblant aux instruments de percussion. C'est aussi une cérémonie de danse très rythmée.

# LE CLOCHER DES SYMBOLES

La Russie illustrée par sa légendaire cathédrale Saint-Basile,

Me permet d'avoir un aperçu sur ce symbole habile,

Je marcherai sur les traces de Saint-Pierre,

En l'honneur de ma foi, je m'adosserai à la basilique Saint Pierre,

L'Inde réputée par son monumental Taj Mahal,

Devient le tombeau d'un patrimoine royal,

La royauté de la France se fait remarquer par le Château de Versailles,

Louis XIV et sa cour royale en reste les symboliques fiançailles,

Sous l'éventail de l'étendue du Tunnel sous la Manche,

Ce foyer souterrain constitue le passage de ménages d'avalanche,

Touché par cette grande fierté,

Le symbole du rêve américain vient de la Statue de la Liberté,

Exalté d'avoir frôlé le cœur du Christ Rédempteur,

J'arrive à serrer les bras ouverts de ce Seigneur médiateur,

Réveiller les peuples endormis, par la lumière de l'Empire State Building,

Pour que l'humanité puisse en faire un benchmarking[12],

L'Amérique édifiée par son milliardaire Bill Gates,

Peut même ériger le Pont du Golden Gates,

L'Afrique ne saurait éteindre son existence,

Parce qu'il y a l'identique famille du Monument de la Renaissance[13].

## LE PARADIS CASAMANCAIS

Mignonne, allons cueillir les fruits de ta semence,

Le temps ne peut effacer les traces de la Casamance,

Écartant les feuilles pour caser Aguéne[14],

Diambogne[15] fuyant la pluie pour respirer l'incessant oxygène,

Ici, c'est le cousinage à plaisanterie,

---

[12] C'est un processus axé sur la recherche, l'analyse comparative, l'adaptation et l'implantation des meilleures pratiques pour améliorer la performance.
[13] Est un monument de 52 mètres en bronze et cuivre construit sur deux collines volcaniques (Les Mamelles) surplombant la capitale sénégalaise.
[14] Dans la mythologie diola et sérère Aguéne est une des sœurs qui y a pris un jour, une pirogue pour traverser la Gambie. Mais leur embarcation s'est cassée en deux. Rescapée, Aguéne a été menée au sud du pays par les flots du fleuve et elle devint la mère des diolas.
[15] Dans la mythologie diola et sérère Diambogne est une des sœurs qui y a pris un jour, une pirogue pour traverser la Gambie. Mais leur embarcation s'est cassée en deux. Rescapée, Diambogne a été menée au nord du fleuve par les flots et elle devint la mère des sérères.

Nul besoin de se jeter une flatterie,

Riche de ce grand espace de mangroves et de palmeraies,

Territoire fécondé par l'éclat des jours de marées,

La parure de tes cocotiers fascine les toubabs,

Même, en frémit l'hymne des feuilles de baobabs,

Je m'exalte à ton atmosphère villageoise nonchalante,

Un élément essentiel à cette impression sereine et réjouissante,

L'eau de tes noix de palme est plus forte que l'arôme d'une
clémentine,

Je déguste le bon temps pluvieux de Kafountine,

La senteur de tes poissons séchés et fumés,

Évoque les beaux jours de chasse des oiseaux déplumés,

Région naturelle où les habitants mangent bien,

Entourage, où les cœurs s'unissent aux siens,

Je frissonne aux sons des épis de riz,

Qui permettent aux casamançais de remplir les canaris,

Toi, terre hospitalière d'Abéné,

Tes femmes charment les hommes par la couleur du henné,

Sous l'étendard des racines protectrices de tes fromagers,

Ton peuple fuit les grands obstacles de tous les dangers,

Espace où les individus cohabitent comme les pièces d'un corridor,

Ceux qui n'y vivent pas, adorent Ziguinchor,

Sur ces doux souffles de fleurs de manguiers de Karabane,

Je perçois le bruit des grains de sable auprès d'une cabane,

Casamance, tes bras de mer se faufilent dans les terres,

De petits ilots se créent dans un large tourbillon de mer,

Dans les lointains coins de la brousse,

J'entends les grandes enjambées des dames du Kabrousse,

Ta communauté s'éclate dans cet enivrant paysage de Marsassoum,

Où les vieux et les jeunes sont ivres du Soum Soum[16],

La Casamance est dépourvue de gang,

Voilà, c'est grâce aux bienfaits du Kankourang.

---

[16] Est le nom donné au Sénégal à cet alcool produit clandestinement et obtenu après fermentation de la pulpe de la pomme de cajou, ou d'un mélange de sucre, d'eau et de levure.

# MON PARCOURS URBAIN

J'aimerai aller aux États-Unis pour admirer l'urbanisation de Washington.

J'oserai imiter l'architecture de Londres pour transformer Kingston.

À Mexico, j'ai constaté la mesquinerie de la salubrité,

À Bombay, il y a une nouvelle forme d'urbanité,

Au cours de mon trajet, je me suis dit que je devais explorer une mégalopole,

C'est après l'utilisation de Google earth que j'ai pu rencontrer divers pôles,

La mégalopole japonaise allant de Tokyo à Fukuoka m'a émerveillé,

La conurbation et la morphologie urbaine de la Banane bleue[17] m'ont réveillé,

Je sais que l'État français a une bonne gestion urbaine,

Je lancerai un SOS à l'ONU pour la cessation au Sénégal des inondations suburbaines,

---

[17] La mégalopole européenne, aussi appelée dorsale européenne ou banane bleue, a été développée par Roger Brunet pour désigner un espace densément peuplé et fortement urbanisé qui s'étend approximativement de Londres à Milan

Aux États-Unis, j'ai remarqué la fonction urbaine des Central Business District,

Au Sénégal, je sais que la décentralisation n'est pas une motivation stricte,

Les flux de travail de Thiès à Dakar entrainent une migration pendulaire[18],

L'American way of life a conçu dans le monde une urbanité multipolaire,

La périurbanisation et la pollution vont engendrer la fuite des citadins de l'Amérique,

Demain, je vois que la politique urbaine sera meilleure pour l'Afrique,

Je serai un guide touristique pour pouvoir vendre l'image de mon territoire,

Apres mon long parcours, les gens m'assiégeront comme un prétoire,

Ces étudiants géographes, optimistes seront des urbanistes,

Pour aménager le Sénégal, je créerai une entreprise d'urbanistes spécialistes.

---

[18] Est le déplacement journalier de la population des grands centres urbains entre les lieux de domicile et les lieux de travail ou de scolarité.

## « LE RÊVE'VEILLE »

Je me souviens des caresses de la lune,

Qu'elles avaient en me balançant doucement sur ses rayons,

Je garde en mémoire l'harmonie des couleurs du soleil,

Qui scintillaient comme un feu de braises,

Je me rappelle de ses fleurs parfumant ma demeure,

Douces telle la senteur du miel,

Je retrace le temps que je passais sous l'arbre à palabres,

Juste pour rencontrer les merveilles de la pureté,

Je me rappelle de tous ces moments de bonheur,

Où tu pouvais interrompre mon sommeil,

Grace au vent balayant ton visage irrésistible et lumineux,

Je me rappelle de ses mots qui faisaient parler mes yeux,

Je me souviens d'avoir haussé l'hymne sentimental de mon cœur,

Juste pour cesser de rêver de ton existence,

Je me souviens d'avoir quelqu'un qui m'accompagne,

Comme l'ombre prodigieuse d'un ange du septième ciel.

# LE SOLEIL DE LA VIE

Quand les baobabs se nourrissent de la lumière du soleil,

Les racines de cet arbre se bousculent comme les fils d'un réveil,

Le ciel montre sa grandeur,

Les feuilles basculent sous un miroir de splendeur.


Le soleil est le moteur de tout réchauffement,

La verdure a besoin de son mouvement,

Les troncs jouent sous l'effet du vent,

Ils se faufilent dans un rythme aussi lent,


Au couchant comme au levant,

Le soleil est toujours au-devant,

Ses rayons de beauté côtoient la nature,

C'est l'harmonie d'une coexistence mature,


Le ciel coloré par le regard du géant feu d'artifice,

Promet le charme à ce jour arboré de sacrifice,

Sans le soleil, la vie n'est rien

Et avec lui, tout est bien.


## LE TOURISTE


Esprit morose vivant dans un lieu triste,

Corps voulant trouver les sensations d'un vrai touriste,

Voyageur qui aime découvrir la Chine avec son thé vert,

L'amour de l'expédition modifie cette chaleur d'enfer,


Parcours en songe qui devient un nouvel espoir,

Rêve de lion qui se manifeste chaque soir,

Le touriste éprouve ce désir oisif,

L'antistress de sa vie est de se divertir dans un lieu récréatif,


Il bafoue quotidiennement les vents de l'orage,

Ses sensibilités sont éprises de souvenirs d'outrage,

Il risque son âme pour contempler le charme de l'ivoire,

Il en a marre de séjourner dans une baignoire,

Il a envie de donner d'immortelles accolades,

Il roule toujours dans des embuscades,

Il cherche profondément à séjourner à Lima,

Pour se familiariser à ce nouveau climat,


Par le cliché des photos, il immortalise son séjour du Sri Lanka,

Il trace son chemin pour établir son circuit de Casablanca,

Les aires urbaines d'Afrique l'enchantent,

Il écoute la douceur des oiseaux du Djoudj qui chantent,


Voyageur ayant en lui une âme touristique,

La verdure est pour lui, un ami typique,

Globe-trotter qui est sans répit sous le joug de n'importe quel venin,

Il opte pour un tour écologique et bénin.

# L'ESPACE RURAL

Une aire géographique homogène désigne un terroir,

Défendre l'étendue agricole du territoire,

L'existence des ressources forestières est une preuve tangible,

C'est grâce à la science que ce milieu est cartographiable,

Apercevoir les différentes sources d'hydrologie,

Demeure la spécialité de la climatologie,

La limite d'un territoire villageois est nommée finage[19],

Dans le Pas-de-Calais, les champs clos par des haies sont des bocages[20],

En zone de bocage, le propriétaire peut faire le métayage[21],

Sans pour autant interdire le fermage[22],

---

[19] Correspond aux limites d'un terroir. Le plus souvent, l'habitat, le parcellaire agricole et les forêts, bois et marias constituent en grande partie le finage.
[20] Le bocage est une zone rurale où les champs cultivés et les prés sont clos par des haies ou toutes autres délimitations plus ou moins continues d'arbustes ou d'arbres.
[21] Est un type de bail rural dans lequel un propriétaire, le bailleur, confie à un métayer le soin de cultiver une terre en échange d'une partie de la récolte.
[22] Le fermage est un contrat de bail par lequel un propriétaire loue un fonds rural à un preneur (fermier), ce dernier cultive la terre en échange du paiement d'un loyer.

Entre le Cap de Bonne Esperance et le Cap Manuel, on se sert des régions agricoles,

Pour faire vivre l'Afrique de ses productions agricoles,

À la campagne, les bourgs, les fermes et les hameaux constituent des habitats,

Par le témoignage des yeux, on y fait un constat,

Pourquoi les Philippins aiment-ils la culture en terrasse ?

Parce que le manque de terre est une vraie menace,

J'ai observé un village rue à Strasendorf[23],

Il est mieux organisé que le village en tas d'Haufendorf[24],

Les plantations en Nouvelle Calédonie,

Ne sont pas semblables à la culture itinérante de l'Amazonie,

L'exploitation pastorale est très diverse et colorée,

Le sol africain est appauvri par le pillage du groupe Bolloré,

En pays sérère, l'agriculteur pratique l'assolement triennal[25],

C'est le même concept que la rotation triennale[26],

Un sol pâturé par le bétail,

---

[23] Est un village allemand ayant une agglomération dont les constructions se succèdent de part et d'autre d'une rue unique.
[24] C'est un village d'Allemagne où les constructions sont regroupées en un tas.
[25] L'assolement triennal est une technique agricole qui consiste, pour un agriculteur, à diviser ses terres en trois soles.
[26] Alternance des cultures en trois ans. C'est le même concept que l'assolement triennal.

Est pour le consommateur une solution de taille,

Les OGM[27] se prolifèrent grâce à l'engrais,

Pour dire que la vitesse de la mort est en progrès,

L'association de l'agriculture et de l'élevage dans les plateaux bamiléké[28],

Va constituer des produits alimentaires pour préparer l'attiéké.


## PEINTURE MEXICAINE


Pays, où les volcans tutoient les cieux,

L'Amérique a le charme du Mexique,

Ses papillons sont orange vif,

Ses mers déteignent d'un bleu azur,

Ses rivières tirent du bleu céladon,

Terre où les temples ont des noms imprononçables et pourtant inoubliables,

Lieu où les mariachis chantent pour leurs belles dames,

Les vola dores tourbillonnent en haut d'un mât,

---

[27] Organisme Génétiquement Modifié
[28] Sont des plateaux se situant à l'Ouest du Cameroun et qui sont plus connus pour leurs paysages de bocage.

Pays où la fête des Morts rime avec la vie,

Le concert des cœurs mexicains exprime la tradition et la modernité,

Sa nature est la mère de belles haciendas,

Pays où la chasse aux trésors Maya est un rite,

Mexique, riche de folklore précolombien,

Charmante marée pour une plongée avec les otaries,

Sa côte pacifique est un éden de verdure.


## ODYSSÉE CARIBEENNE


J'ai entamé cette magnifique croisière dans le parfum des îles,

À la recherche d'escales exceptionnelles,

L'horizon caribéen me procure un sentiment d'intimité,

Mes organes possèdent une vitalité liée à la mer,


À bord, je savoure le goût des jus locaux de la Martinique,

Je suis dans un navire où l'art de vivre à la française se ressent,

Je caresse l'apologie de la langue française qui règne à bord,

Je suis ivre du vin de la République Dominicaine.

J'ai décidé de humer l'air de la Guadeloupe,

Revenir en arrière pour croiser ses coins intimes,

Confort de l'épuration de mes veilles les plus ténébreuses,

J'ai soif de vaincre le désarroi de mes jours d'éclipse.


Je soigne ma plaie interne par l'accalmie des beaux jours intimes de cette Caraïbe,

Je souscris à la traversée de ce soleil d'atlantique,

Mon point culminant est d'escalader les dangers d'ailleurs,

Je soufflerai les bougies de ma vie pour me délecter de la sensation des cocotiers de la Martinique.


## PARFUM DE MADAGASCAR


Parfum enthousiasmant de cette terre orpheline,

Ton corps similaire aux cantiques africains de la Grande Île,

Je perçois les mélopées presque polynésiennes,

Je remue au son d'étranges d'instruments de musique.

Terre mystérieuse où ton peuple jouit d'un sourire timide,

Je te symbolise comme la civilisation du riz,

Tu es la terre des reines amoureuses,

La couleur de ton sol ressemble à l'empreinte de l'Ile Rouge.


Je baigne à l'air d'un printemps éternel,

Ta nature est émaillée de forêts de pins,

Tes placides zébus et tes rizières sont le miroir d'Orient,

Tes aquariums sous-marins sont le reflet de ton charme.


Je poétise l'élégance de ce pays doté d'un éclatant parcours de plénitude tropicale,

Mes pas veulent cheminer dans ton séduisant archipel de Nosy Be[29],

En ce lieu-ci, je retrouve les souvenirs de cette somptueuse Polynésie malgache,

Grande Île d'Afrique, l'Océan Indien te caressera à jamais.

---

[29] Est un archipel malgache de 15 îles

## PARTIR LOIN

Sur les hautes montagnes de la région de Kédougou,

Il est possible d'apercevoir les belles chutes de Dindéfélo,

Vivre au Sénégal sans partir à Ouagadougou,

Me donne le plaisir d'aller jusqu'au Ferlo.


Voyager au cœur de Mont-Rolland pour écouter le hululement des hiboux,

Oublier le cri de ces oiseaux pour m'impliquer dans l'orfèvrerie à Sabadola,

En y construisant une petite chambre avec un lit de bambou ;

Cet or sera une occasion de célébrer les mystères de la bamboula.


À cause de cet inespéré climat, je quitterai Tambacounda,

Pour immortaliser les jours ensoleillés du village de Goye,

Je prends mes lunettes de soleil pour m'acclimater sur les plaines de Malicounda,

Sur le chemin du voyage, les inondations m'ont bloqué au niveau de Thiaroye.

Danser aux rythmes des sérères de Tattaguine,

Pour voir la richesse culturelle du Sine,

Je mets toute mon énergie pour effectuer le pèlerinage de Popenguine,

Ingrédient spirituel semblable aux bienfaits de la vitamine.


Le Sénégal est une terre féconde, belle,

L'étranger y trouve le vrai désir de vivre,

En a marre de voir l'œil du rebelle,

Casamance, univers où la nature rend ivre.


## SCIENCE D'AUJOURD'HUI


À travers la géographie,

Je ferai une véritable cartographie,

Dessiner les contours urbains de la ville,

Pour en sortir les prestiges de l'ile,

Je danse aux allures de la chorégraphie,

Histoire de demain détaillée par la cinématographie,

Terre inoubliable marquée par sa douceur,

Vent dérangé par la lourdeur de la chaleur,

Flore aérée par les largesses de l'hydrographie,

Ramer sur un océan pour décrypter l'océanographie,

Suis-je né d'une tout autre démographie ?

Cette réponse viendra de l'ethnographie,

L'espace où je vis s'est métamorphosé,

Mon espérance de vie devient aussi déphasée,

Serai-je mort d'une tragique épilepsie ?

Ne craignez rien, les nouvelles viendront de l'autopsie,

Décrirai-je ma propre biographie ?

Non, je me fierai à ce que m'accordera la cardiographie.


## SOURIRE DU SENEGAL


Prendre l'encre pour éterniser les mots de Senghor,

S'initier à la pêche des Lébous pour tenter le piège aux poissons de Ngor,

Rechercher obscurément le sourire des chandelles,

Trouver pendant la nuit le flambeau du Phare des Mamelles,

Envie d'écailler le fameux thiof[30],

Saisir les merveilles de l'océan grâce aux piroguiers de Yoff,

Les plateaux de Thiès,

Font parler les arbres et arbustes en liesse,

Empruntant l'éclair d'une ampoule,

Pour immortaliser la blancheur du désert de Lompoul,

Terre hospitalière pour tous les touristes,

Aventuriers frôlant les dangers de toutes les pistes,

Découvrir l'âme de l'Ile de Fadiouth,

Pendant le réveil des festivités sérères du mois d'août,

Suivre le trajet de la verdure de la Casamance,

Pour récolter les beaux fruits de la semence,

L'ivresse des vieux du Saloum,

Élevée par la forte intimité du soum-soum[31],

Éloigné de tous les maux de l'océan,

Se font voir les dents de l'Ile au Sarpan.

---

[30] Le mérou est appelé thiof au Sénégal, mot lébou et wolof. Epinephelus aeneus est une espèce de poissons de la famille des Serranidae.
[31] Le Soum-soum est le nom donné au Sénégal à l'alcool produit clandestinement qui peut être obtenu après fermentation de la pulpe de la pomme de cajou, ou d'un mélange de sucre, d'eau et de levure.

# TOUR D'HORIZON

J'aimerai avoir en moi la volonté des touristes,

Braver l'étendue de ce monde débordant de pistes,

Pour moi, découvrir l'univers à travers le tourisme,

C'est visiter le secret interne de l'homme par humanisme,

Je rêve d'un bateau de croisière,

Où je pourrais contempler les eaux de la rivière,

Parcourir le monde comme Nicolas Hulot,

C'est atteler un cheval pour un assaut,

Mon voyage est devenu une chose préventive,

Se recréer par le désir d'une aise récréative,

J'achète mon voyage par le biais d'une foire,

Je considère le tourisme comme un devoir,

Je ferai ma réservation hôtelière via un voyagiste,

Le jargon du tourisme le considère comme un grossiste,

Mon drone m'a permis de photographier Johannesburg,

En Europe, je poserai mon grand pas au Luxembourg,

Sur Los Angeles, mon séjour s'est fait dans un motel,

À Copacabana, mes vacances s'illustrent dans un hôtel,

Je serai un touriste à Sienne,

Je foulerai le sol de Vienne,

Je ferai du safari pour retrouver une dinde,

Je ne serai pas capable de chasser un bœuf en Inde,

Sur les montagnes du Kilimandjaro, je me livrerai au trekking,

Je défierai aux Philippines le corps des body-buildings,

J'ai le courage de marcher sur le sol de Kaboul,

Je n'ai pas peur de rencontrer ces hommes en cagoule,

Je savoure les délices de l'île de Tahiti,

Il est merveilleux d'être guidé par une mulâtre d'Haïti,

Je n'ai jamais visité la statue de la Liberté,

Je suis contaminé par le virus de la curiosité,

J'ai aperçu l'image de l'Afrique et de ses hyènes,

Ce qui attire l'âme de tous ceux qui y viennent,

La dernière chose qui compte pour moi, est de partir au Sénégal,

Pour estimer la vraie valeur des plats de régal.

# UNE EXCURSION AUX ÉTATS-UNIS

Je me rappelle des mots de Barack Obama,

Je me souviens du discours de Martin Luther King en Alabama,

J'imagine l'exactitude de l'architecture de la ville de Washington,

Je me déchaîne contre les usines de cigarettes de Houston,

Ma vie de cowboy commence au Texas,

Elle se prolonge jusqu'à Dallas,

Dans mes illusions, je perçois le charme du désert d'Alaska,

J'ai soif de marcher sur le relief du Nebraska,

Je reprends la plume des gardiens de troupeaux d'Indiana,

Mon être parcourt les champs de la Louisiana,

Je prends l'hélicoptère pour me poser sur le sol de San Diego,

Ma peau se métamorphose aux mœurs des habitants de Chicago,

Je désire admirer l'élégance des strip-teaseuses de Miami,

Au-delà d'ici, je me ferai de véritables amis.

# UNE NATURE DE CHARME

Le Canada est le pays de l'avalanche des plaisirs d'hiver,

Je m'aventure au Sri Lanka pour contempler l'or vert,

Je dirai non au pillage des forêts brésiliennes d'Amazonie,

Je vois la fumée noire d'un appareil aéropostal traversant la Patagonie,

Je désire m'ensabler dans l'incontournable désert andin,

Mon seul plaisir est d'entrer en relation avec un Cubain,

Je connais là où se trouve le Nil des Dieux[32],

Pour y avoir cohabité avec les êtres pieux,

Voici l'Afrique du Sud, univers des facettes du diamant,

Je m'écœure de suivre les sacrifices d'un éléphant flambant,

Le Mexique avec son parc aux oiseaux roses,

Me fait penser au parc des oiseaux du Djoudj, avec ses flamants roses.

---

[32] Sont les dieux qui donnent au Nil sa fertilité. C'est à l'exemple de Osiris, Sokaris,Isis…

# UNE RANDONNÉE EN COLOMBIE

Mon voyage en Colombie me séduit,

La culture colombienne m'éblouit,

Espace où la nature est exubérante,

Colombie, terre de la tradition indépendante,

Je me réjouis d'y trouver des filles aussi jolies,

Au cœur du trajet, voilà, assis des enfants polis,

Je me promène sur ces cordillères aussi majestueuses,

Mes pieds déambulent dans ses plages très luxueuses,

Inspiré par ses villes aussi débordantes d'Art,

Je constate le défilé de ses parures de char,

Animé d'une musique aussi sensuelle,

Je découvre la spontanéité de son ironie actuelle,

Le pays est riche de pueblos[33] aussi typiques,

Il ne se laisse pas affaiblir par ses histoires authentiques,

J'ai envie de me relaxer dans ses canyons plongeants,

---

[33] Est un nom commun espagnol signifiant village ou peuple selon le contexte. Dans ce contexte, Pueblo veut dire des maisons juxtaposées en pierre.

Je ne saurai être indifférent à ses fleuves puissants,

Je ne serai plus le même,

Dès que j'aborde la Colombie et son paysage de thème,

Ceci est le voyage qui vous manquera à jamais,

Une évidence de demain nullement affamée.


## VOYAGE AU BOUT DU MONDE


Mon tour du monde débute en Ukraine sur le Tunnel de l'Amour,

J'emprunte un autre labyrinthe pour faire un détour,

Je rêvais d'observer les plus beaux endroits sur terre,

Voilà, une opportunité de le faire,

J'affrète un moyen-courrier pour parcourir la Tour Eiffel,

Je me contente d'observer ce monument surréel,

Je manœuvre une voile pour traverser le détroit de Gibraltar,

Ma croisière devient facile garce aux indications de ce radar,

Mon circuit repart en Égypte dans le désert blanc,

Oh, j'ai manqué de passer en France dans le Mont Blanc,

Je décide de séjourner en Amérique,

Pour éteindre ce vide mélancolique,

Arrivé à Cancún, je décide de faire la plongée au Musée sous-marin,

À Mexico, mon sourire ressemble à celui d'un afro-cubain,

Je préfère passer le canal de Panama,

Foulant les nuages et montagnes vénézuéliens du Mont Roraima,

Je reprends l'hélicoptère pour atterrir sur les chutes du Niagara,

Cette fois-ci, je n'oublierai pas de me rendre au pays de Che Guevara.

# LA MAIN PROCHE

La main proche est le rassemblement de 17 poèmes parlant de l'amitié, la domination humaine, l'amour, l'entraide, l'inégalité sur terre. Tendre la main à son proche, c'est reconnaitre que l'homme est le remède de l'homme; c'est confesser la force que représente l'union des cœurs. Tendre le mauvais coup de main à l'autre peut lui être fatal et accidentel. La main proche à deux visages. Elle est comme la peau d'un caméléon. Elle change de couleur selon la personne.

# AMI PROCHE

Je ne suis pas parfait,

Une chose remarquable en fait,

Ce n'est ni la première fois,

Ni une parole d'autrefois,

Ça ne sera pas la dernière,

Mais seulement, une étape charnière,

J'ai commis une énorme faute,

De ne pas inscrire le nom de mon hôte,

Sans aucun doute,

Hier, était un jour de déroute,

Je souhaite juste que tu sois là,

Pour assister aux festivités d'un tel gala,

D'oublier la colère avec ta présence,

Zélé par l'essence de tes yeux d'aisance,

D'amener la lumière à ma vie,

Sans oublier tes larmes semblables à une eau de vie,

J'ai tellement peur de cet objectif,

Mais, je ne cesserai d'être bien combatif,

Je ne vais pas survivre sans ce compagnon fidèle,

Parce que je sens cet amour modèle,

Une fois de plus, je suis imparfait,

Par ces mots, je lis en toi ton honneur satisfait,

La vie est trop courte pour être savourée avec délice,

Mais avec toi, j'aurai le temps de rattraper ce supplice.


## AU-DELÀ DE LA FORCE

Au-delà pour le noble, tout est possible,

Pour le riche, le passage de l'épingle sera pénible,

Dans ses gestes, il y a l'impression d'avarice osée,

La pauvreté du prochain ne lui fait ressentir aucune nausée,

Le miséreux a un cœur pareil à celui de Senghor,

Énorme comme l'étendue du quai d'un port,

Ce que renferment les portes de la légalité,

Nul ne peut y accéder sans les clés de la vérité,

La liberté ne s'achète pas,

La fidélité ne se vend pas,

Au regard des vertus de sa richesse,

Le nanti n'éprouve de ce côté aucune tristesse,

Enseveli par la détention d'un tel objet,

Celui-ci reste, un intolérant sujet,

La force du riche déclenche la fureur,

Colère provoquée par l'enfer de la douleur.


## CHOC DES COULEURS


Apartheid, un mot semblable à celui du mur de Berlin,

Dans un milieu où la liberté est entravée par un dégoût malsain,

L'homme en cave se voit être séparé de son frère d'armes blanc,

Ils ont bien voulu instaurer sur cette terre un clan,

Mandela se plaint d'avoir vécu dans un air de purgatoire,

Là où le noir est pris dans les trous de déboire,

L'atmosphère de l'apartheid est dans une galaxie sombre,

Un Nelson qui s'est battu dans la chaleur de la chambre,

Oh, toi qui es très fier de ta belle race,

Ce n'est que par le jugement de Dieu et par sa grâce,

Que le Sud-Africain mérite le paiement du reliquat,

Et ainsi, la couleur huilée reçoit la lourdeur du mot indélicat,

Ils sont des gens de couleur,

Teinte d'une âme pleine d'une haine en pleurs,

Dieu a créé l'humanité sans division,

La domination de la couleur est la moisson de la ségrégation,

Mandela est le héros d'un combat rude,

Une victoire d'un combattant intrépide,

La bataille est finie, le peuple te doit reconnaissance,

À présent, l'emblème de la peau ne doit être une dépendance.


## DOUCE SŒUR

Je ressens de la douceur par cette plume,

Sensation magique d'une fleur qui hume,

Si j'avais le droit de cueillir tous ces mots,

Gravé par l'encre de mes indélébiles stylos.


Il n'y a pas un instant,

Où sans toi je ne suis résistant,

Accablé par cette dure journée,

Je m'agace des paroles en tournée,

Que tu m'acceptes près de toi tous les jours,

Ouvertement, je m'adonne à toi pour toujours,

Mon intérieur se refroidit, c'est délicieux,

Avec toi, c'est ce que je perçois de mieux.


J'éprouve le bonheur à l'infini,

Pour notre relation si bien définie,

Je me prosterne devant toi ma dame de fer,

Pourvu que je ne sois plus dans un univers d'enfer.


## GUERRE D'UNE MÈRE


À ma combattante maman,

Elle est rayonnante comme l'éclat du diamant,

Ma vie d'enfance a été rude,

Pour elle, facile de modeler cette habitude.


Elle a séché mes hautes larmes,

Pour que l'entourage tombe sous mon charme,

J'ai troublé ses belles nuits de quiétude,

Elle ne voulait pas que je sois dans l'inquiétude.


Union d'un fils à sa propre mère,

Pareille au goût du sel à la mer,

Tu m'as guidé avec attention,

Jamais, je ne bâtirai une mauvaise intention.


Cet amour maternel n'est pas comparable,

Ceci n'est nullement regrettable,

Le parfum de ses vêtements est le remède à mes problèmes,

Mes ennuis s'effacent grâce aux vertus de son cœur plein d'emblèmes.


## LA MÈRE DU TEMPLE


Âme qui agit comme un vrai flamant,

Sache que tu as une pure maman,

Qui se lève tôt le matin,

Pour te guider en tenant ta main,

Maman, tu as un vécu de volontaire,

Qui m'a toujours été utilitaire,

Déambulant sous le chaud climat d'harmattan,

Mes pleurs quotidiens palpitant au printemps,

Me dorlotant avec tes berceuses en chœur,

Je ne suis jamais allé ailleurs,

Le jour de mon baptême,

Je protégeai mon corps si sensible sur tes draps suprêmes

Ton cœur ressemble à celle de notre Dame de Fatima,

Tes pensées pareilles à celle de Barack Obama,

Brisant fatidiquement cette belle saison,

Tu deviens pour moi une fleur en floraison,

Sans cesse, j'utiliserai mon plus grand revolver,

Pour t'enlever ton affligeant calvaire.

# LA MONOTONIE DE MON AMOUR

Je t'adresse cette déclaration sentimentale chère Marceline,

Sans toi, ma vie éprouve une nostalgie orpheline,

Dans ce poème passionnel, j'acclame cette femme céleste qui m'illumine,

L'essence de mon cœur est pareille qu'une source d'eau jaillissante qui prédomine,

Éperdument attachée à cette soif câline,

Je lis dans mon âme l'encre arborée de ta racine,

Si ton cœur était un champ, j'y planterais cette substance suprême de la caféine,

Je rêve de t'envoyer la fleur intarissable de ma sympathie maligne,

J'ai bâti cet amour pour ne pas tomber sur les épines,

Et sur cela, je ne saurai nullement enflammer une attention coquine,

Transporté par l'ascension de la force de l'adrénaline,

L'attachante disette de mon cœur pareille à un peuple en famine,

Mon penchant ferme comme l'alliance du lecteur à son magazine,

Désormais, j'ai tracé le chemin romanesque de cette flamme cristalline,

Mon chagrin amoureux est soigné par l'immensité de ta discipline,

L'encre de ma plume vient de verser le contenu de cette relation amoureuse en valine,

Je prendrai les rayons du soleil comme scribe pour graver dans le ciel ton nom Marceline.


## LE CANTIQUE DE MES SENTIMENTS


Ta voix me rappelle le chant du cocorico,

Bébé, ton corps est comme la pureté de l'eau de coco,

Jamais, je n'ai été au chemin du diapason,

Mais aujourd'hui, j'ai trouvé une bonne couvaison,

Ta venue a sonné comme le son d'une alarme,

L'horizon de ta face surgit comme un éclair de charme,

Je parle cordialement sous ce vocable,

Parce que j'ai en face de moi cette étoile admirable,

Avec toi, je me retrouve dans un cercle veillant,

Agréable tel un oiseau brillant,

J'observe en toi la lumière de mes nuits,

Ta joliesse est comme la saveur des fruits,

Nul n'a droit d'éteindre ce feu,

Éternellement, mon cœur fera tout ce qu'il peut,

Le jour où tu ne seras plus là,

Je te rejoindrai juste au-delà.


## LE FIL DE L'AMOUR


Aveuglé par l'ampleur d'un coup de vent de poussière,

J'ai pu recouvrir à la vue grâce au jaillissement de cette femme de lumière,

Ses rayons de soleil m'escortent comme la douce veillée d'un ange,

Mon amour est incassable comme la tendresse d'un archange,

Mon attirance pour toi plus vivace qu'un volatil désir,

Je ne cesserai jamais de voir monter ce romantique plaisir,

Trésor, je suis emprisonné dans la bonté de ta cellule d'amour,

Chérie, je ressens de la vraie vie avec ton impression d'humour,

Avant, je n'ai nullement ressenti cette belle passion,

Elle est survenue telle une révélation,

Ma destinée est pleine de tendresse,

Je ne serai vaincu par aucune maladresse,

Le flot de mon intimité navigue dans l'affectueux cœur de Marceline,

Grâce à elle, je n'ai plus besoin de prouver la saveur de la clémentine,

Ce qui fait battre mon charmant cœur,

C'est d'observer le rythme effréné de tes deux yeux de chœur,

Mon amour chèrement tranquille,

Suit la mesure déchainée des ondes d'un fil,

Dans mon âme, j'ai planté ta belle fleur,

Une rose qui restera la leur,

Si jamais elle risque de mourir en sanglot,

Je l'irriguerai avec mes intenses larmes d'angelot.

Cet amour pour toujours,

Ne sera pas un mandat de quelques jours.

# LE PARFUM DE MON ÂME

O mon effluve d'amour,

Tu es devenue ma raison,

Le regard de ton corps chante l'humour,

Et mes caresses en font une passion,


Avec toi, je vis avec ambition,

Ma fidélité, gage de la pérennité de notre anneau,

Le parfum de tes mains se réveille telle une explosion,

Mon attirance résistant comme la braise d'un fourneau.


Mon attachement pareil aux mots d'un décret,

Refuse toute fille prête à te dompter,

Ma flamme d'amour impénétrable comme les marques d'un secret,

Désormais, sans toi, mes jours sont à compter.


Le poids de l'affection pèse sur ma tête,

Je me prosterne devant toi chérie,

Sa pesanteur, si lourde comme les cornes d'une bête,

O toi, ta présence est semblable à une plaie guérie.


## LE PRIX DE L'AMITIÉ


L'amitié est sans prix,

Elle ne coûte que quelques petits gestes,

Donne-lui du temps,

Accorde-lui les mots qu'elle mérite,

Monnaye-lui un beau sourire,

Et n'oublie pas de lui tendre un brin de tendresse,

Ton ami intime doit être débordant d'allégresse,

Un ami, c'est comme une pièce de monnaie,

Il traverse toujours les épines de la haie,

Un vrai ami ne fuit pas le bruit de la tempête,

Il n'a pas peur de la mitraillette,

L'amitié est une bougie,

Point, elle ne rougit,

Un ami doit ressembler au Soleil,

Son contact amical doit être pareil.

## MESSAGE D'AMOUR

O ma belle, tu m'as engouffré dans une éternelle querelle,

Tu as aromatisé ma vie avec du sel,

Il ne me manque aucun ingrédient mon ange bien-aimé,

Ton baiser fait revivre mon âme inanimée,

Le secret de mes yeux d'or,

Me permettront de caresser la chaleur de ton corps,

Je te donnerai sans peine,

Mon plus charmant amour pour que tu te souviennes,

De mes plus beaux rêves venus des cieux,

Je te donnerai tout ce qu'il y a de mieux,

Je ne chante les plaintes de l'insouciance,

Parce qu'en toi, j'ai une parfaite croyance,

Mon âme gardera le silence, pour écouter parler le cœur,

Dans une éternelle harmonie de chœur.

# MON CHER'RIT

Toi, ma chérie,

Sais-tu que je te trouverai un mari ?

Je te le dirai, c'est moi-même,

Sais-tu pourquoi ? Parce que je t'aime,

Mon cœur est pour toi un réservoir,

Qui ne pourrait contenir un sentiment noir,

Je t'apprécie comme la valeur de l'or fort,

Tu ne m'as jamais fait du tort,

Je ressens quelque chose dans mon âme,

Qui me dit que tu seras un jour ma femme,

Si j'étais un grand roi,

Je t'offrirai tout simplement une bague pour ma foi,

À côté de toi, je n'aurai plus peur,

Ton arsenal d'effluves enivre mon cœur,

Mon amour pour toi exhale comme l'essence d'une fleur,

La distance qui nous sépare est de l'épine qui effleure,

Le haut débit de tout ton entourage,

Redonne à notre avenir un incessant courage.

## MON POT D'OR

J'aime voir cette fille au caractère angélique,

Elle est l'univers semé d'un rêve paradisiaque,

Pour admirer son visage, je regarde ses photos,

Pour me dépayser, je prendrais Marie avec ma moto,

Elle m'aime jusqu'au bout de son grand cœur,

J'éprouve quotidiennement un sentiment de peur,

J'irai entreprendre avec elle une lune de miel,

Elle a tellement juré que je suis comme le ciel,

À chaque fois, je contemple son teint noirâtre,

Sa beauté intérieure est extrêmement blanchâtre,

Aimez-vous voir votre bien-aimée pleurer ?

Il y a des hommes qui aiment tellement leurrer,

Je ferai un séjour aux allures d'un bel amant,

Je n'ai jamais apprécié un luxueux talent.

# NOSTALGIE D'AMOUR

Je rêve de cette fille belle à craquer,

Rampant sous le désir d'un visage à traquer,

Le puits de mon cœur rougit à ta lueur,

Mes yeux se métamorphosent aux dragons et à sa fureur.


Le courant de mon cœur s'élève comme l'ouragan d'une montagne,

La marée de mes veines coule telle une bouteille de champagne,

L'éclair de ton regard fulmine comme le rayon du soleil,

Trésor, personne ne t'es pareille,


Devant toi, je suis plus que coté,

C'est ton affection qui me l'a doté,

Ta joliesse comparable à celle du dauphin,

Ta compassion identique à celle du séraphin.


O ma bien-aimée,

Notre intimité ne sera jamais décimée,

La substance de ton cœur m'appartient,

J'en ferai perpétuellement un entretien.


## SOURCE DE MA VIE

Je vois en tes larmes joyeuses, la source de ma vie,

Le rivage de tes lèvres est le point de départ de mon attachement,

Ce qui nous lie,

N'est-ce pas que c'est du ressentiment ?


La douceur berçante de tes mains est l'univers de ma protection,

Je lis en tes yeux la noblesse de mon nom,

Je sais que j'ai plus que raison,

Sur les miens, je vois sans cesse la peinture de ton prénom,


O toi qui fais partie de mon âme,

J'ai construit tout au long de ce parcours, un amour ineffaçable,

Semblable aux pas démesurés d'une ravissante dame,

J'allume de nouveau l'étincelle de cette passion inexplicable,

Pardonne-moi pour les mots que je ne t'ai pas dits,

Le feu de l'amour ne connait aucun arrêt,

Je suis bien conscient de ne pas être dans des bras maudits,

Le périple amoureux naquit hier, est prêt.


## UN CON'DAMNÉ

Vivre sans liberté,

C'est être dans la précarité,

Les mains déchainées,

Rendent sombre les perles des chapelets égrainés,


Cette lumière en moi est condamnée,

Plus ombragée qu'un visage fané,

La servitude m'a trahi,

Mon entourage en est ébahi.


Moment de pure souffrance,

J'ai oublié que ce monde reconnait l'espérance,

Sous l'étincelante étoile de minuit,

J'endure les affligeants coups de la nuit.

À la nuit des temps,

Je recadre l'image de mes souvenirs miroitants,

Je regrette d'être tombé sous cette ombreuse averse,

Ce sentier n'est que le mirage de la controverse.

# LA PLAIE DE L'ENVIRONNEMENT

L'environnement ne cesse de saigner face à ses multiples plaies.
Elle se perd face à la main proche de l'homme. L'humanité
considère les éléments terre comme des choses futilement
élémentaires. Le cœur de l'environnement a perdu la vitalité de
son essence du fait que l'espèce humaine n'éprouve plus aucune
compassion à son égard. L'humanité a creusé une grande plaie
béante et purulente, additionnée par un vent tourbillonnant
provoquant sa propre justice environnementale. Les 8 poèmes de
la plaie de l'environnement exposent comment l'être a su
approfondir sa propre tombe.

## ÉLÉMENT TERRE

Nous serons toujours élément terre,

Nuisant à l'environnement par la pollution élémentaire,

Difficile d'affirmer que nous sommes dans un lieu sain,

Assemblés et diverses comme les miettes d'un pain,

Notre égoïsme nous conduit à nous tuer,

C'est pourquoi la nature nerveuse nous pousse à suer,

Oh, charmante nature,

L'homme a apposé sur toi cette béante rature,

Ineffaçable que cela soit pour soi,

L'être et l'écologie n'ont plus la même foi,

La mer blessée au plus profond d'elle déverse ses larmes,

Désormais, c'est la bagarre des armes,

Affrontons-nous au champ de la vraie bataille,

Il y'en aura la mort d'une bande de racailles,

La civilisation humaine a creusé sa propre tombe,

L'arrêt de l'oxygène sonnera comme une pure bombe.

## ESSENCE D'UNE FLEUR

Je l'offre à ceux qui ont l'amour de la fleur,

Je la donne à ceux qui ont le cœur en pleurs,

La fleur représente toute mon essence,

Je l'utilise quand je ressens la décence.


Ma vie se dessine comme une hémorragie,

Lorsque le couteau tranche cette fleur devenue une tragédie,

Illuminant mon corps décimé par cette pollution,

Tu restes finalement cette seule solution.


Je l'attribue à ceux qui compatissent pour ton avenir,

Aujourd'hui, la lame entrave ton propre devenir,

Ton odeur est comme le parfum du ciel,

L'abeille ne saurait faire un tel miel.


Cannibale qui poignarde ma fleur,

Tu as laissé cette âme qui meurt,

Sous les flots de la misère,

D'une si étrange balle de laser.

## LE RÉVEIL DU JOUR

La lumière du soleil est ma sonnerie d'alarme,

Je suis tombé sous son charme,

Chaque matin où je tarde à me réveiller,

Le flambeau de cette attirante étoile s'ouvre comme une porte
déverrouillée.

Serai-je être indifférent ?

À ce si bon chemin intéressant,

Je connais les vertus de ce monde,

À travers la mélodie matinale de cette constellation ronde.

Le cri du levant a éteint l'ombre du sommeil de la mort,

Sache que tu as un attrait très fort,

Tes ondes sont les calories de mon corps en vie,

Cette comète étincelante est riche comme une mie.

Aussi beau que soit le Sénégal,

Je trouverai sur l'allée du soleil, les incessants moments de régal,

Ce réveil matinal est semblable à une horloge,

Et sur ce parcours, personne ne me déloge.


## LA COMPASSION FLORALE

La fleur est une belle eau de vie,

Qu'elle soit blanche,

Elle présente une essence franche,

Qu'elle soit rose,

Elle fleurit tel un bouquet de dose,

Elle fait vivre l'âme,

Une âme meurtrie par le fruit de la lame,

Je vis par la recette de ses ingrédients de subsistance,

Je reste collé à sa profonde existence,

La fleur est mon rare compagnon,

Elle, si tendre comme les épices d'un champignon,

Je suis nostalgique de cette force florale,

Une période de compassion morale,

Jamais, je ne poserai sur toi le glaive,

Nul besoin de trouer le sang de ta sève.


## UNI'VERS


En prenant une mappemonde,

Je m'imagine les couleurs de ce monde,

En bravant la terre avec ses deux hémisphères,

Je vois l'état de ses atmosphères,

L'eau est une euphorie féconde,

Si elle est rare, elle devient une soif profonde,

La lumière vient du soleil,

Il illumine le règne de cet appareil,

Sous l'éventail de ce sublime arbre,

J'aperçois les pas feutrés d'un zèbre,

La flore me permet de concevoir un cocktail,

Combiné avec la chair du charmant cheptel,

Grâce à la nature, je recrée ce sabre,

Qui forge un marquant décès macabre,

Ma génération copie l'image d'un chauffoir,

D'ici peu, il n'y aura plus d'accoudoir,

Je vis désormais dans de profondes ténèbres,

D'un si long jour enseveli dans des tourbillons de pénombre.


## VENT TOURBILLONANT


Sous ce tremblant vent d'hiver,

Je vis effondrement les supplices d'une croix de calvaire,

Sous ce brillant coup d'œil des îles du Cap-Vert,

Je décèle remarquablement les miracles de l'Univers.


Sous ces pleurnichant sanglots du Tiers monde,

Je me déprime de résider avec une niche inféconde,

Sous cette débordante collection d'un clown immonde,

J'éprouve la canicule braisée d'une prison profonde,


Sous cette flamboyante représentation de cinéma,

Je me crois comme l'orageuse tragédie de Hiroshima,

Sous ces foisonnants clichés en diaporama,

Je croise une galaxie illustrée sous forme de schéma,

Sous ce faramineux enrichissement de Cartels,

Je ressens une profonde requête mortelle,

Sous cet indestructible remords immortel,

Je savoure l'appétit d'un monde de cocktail.

## LA PLAIE DE MES DÉSIRS

J'ai suivi ce vacarme par le portrait de ses traces,

Et ce temps m'a indiqué mon manque de grâces,

J'ai ouvert la plaie béante de l'univers,

Sa réponse est devenue une épée de revers,

Ma main n'a plus le goût du paisible,

Toutes mes actions se noient dans le savoir nuisible,

Jamais, je n'ai été aussi violent,

Mes actes sont progressifs comme la volée du cerf-volant,

J'ai établi la polémique du dialogue autour de la table,

Je suis même muté comme le diable,

Je me demande si je suis bien ton vrai ami,

Non, je te fais envoler au large du tsunami,

Je viens dans ce tribunal de la pénitence,

En guise d'un incessant retour de circonstance,

Toi, ma tendre nature protectrice,

Par ma volonté, je t'ai infecté la toxine annonciatrice,

Tes maux sont restés mes maux,

Ainsi, mon existence se résume à des préjudices lacrymaux,

Je me confesse devant ce si bel être,

Il sait que je suis le complice de son mal-être.


## JUSTICE ENVIRONNEMENTALE

La nature est percée au fond d'elle-même,

Sa profonde plaie est le fruit du gain d'un système,

L'eau, l'ouragan, le sable déborde… Partout,

Persistant, puissant, révolté surtout.


Son ennemi, c'est l'indisciplinée main de l'humanité,

Elle l'a condamné à exister dans une cellule à perpétuité,

Son unique regret, c'est de leur avoir prêté sa confiance,

L'être a creusé son cœur fragile sans méfiance.

Le feu de l'amour vient de s'éteindre,

Il est usé comme une torche prête à s'éteindre,

L'empreinte sur sa peau est indélébile,

Ca y est ! Ceci est la récolte d'une semence débile.

Désormais, la guerre de la résistance est déclarée,

Faire face aux yeux fautifs de cette famille égarée,

Son arsenal de fureur est le prochain berceau de la mutinerie,

Au soir de l'obscurité, l'invasion devient le seul moyen contre la connerie.

# LES LARMES DE LA VIE

L'être a converti le cours de sa vie en un champ de bataille. Il a pris l'empreinte de la nature pour se frayer un mauvais chemin. Les éléments de la nature transformés sont devenus pour l'humanité une véritable arme de destruction massive occasionnant le versement de larmes de désespoir, de peine, de méchanceté, d'hostilité, de flammes, de dangers… Les larmes de la vie sont le résumé de 16 poèmes parlant de l'angoisse de la vie, l'incompréhension, l'ampleur de la souffrance du vécu de l'individu.

# À CEUX QUI

À ceux qui éprouvent le désespoir,

Sachez que le chemin est inondé de foutoir,

À ceux qui peinent comme un oiseau,

L'allée s'éclaircit par la fraicheur du ruisseau,

À ceux qui pleurent leur inconnu jour de demain,

Le miracle surgira pour établir un heureux lendemain,

À ceux que la nature a punis,

Sachez que la rébellion et la révolution vertes se sont prémunies,

À ceux qui sont blessés par le vacarme d'une arme,

Le Bon Dieu sera là pour sécher cette larme,

À ceux qui sont calcinés par la tristesse,

Je leur tends cette douce main d'allégresse,

À cette belle vie haïssable,

À l'avenir, étincèlera la nuit de cet homme méconnaissable.

# ÂME ISOLÉE

J'ai voulu posséder le sourire,

Mais, il n'a pas souhaité me séduire,

Alors, je suis coincé tel un solitaire,

Ressemblant à l'âme perdue d'un célibataire.


La solitude n'est que l'ombre d'une attitude,

Je déprime face à cette situation d'inquiétude,

Le silence des mots mène à la dépression,

L'isolé est malade de cette vie de pression.


Je suis vraiment seul dans mon entourage,

Il me faut un étincelant courage,

Rayé de la mémoire de mes semblables,

Les nuits de mes jours sont blâmables.


Je vis à l'écart de mes frères,

Intervalle marqué par nos pensées contraires,

Mon univers se meurt en silence,

Il se noie dans les pleurs de la malchance.

## APPRENDRE ET COMPRENDRE

Je suis passé par l'autre univers qui m'a poussé dans ce nouvel environnement,

Je suis inconscient de ce qui m'attend,

Je suis dans cet espace si minuscule,

J'y ai rencontré des hommes de couleur en groupuscule,

Au cercle de la vie, tout s'apprend,

Au commencement, personne ne comprend,

Aucun ne peut fuir la chaleur de cet établissement solaire,

C'est le début d'un enfer peint de galère,

Au cours de la vie, j'ai rencontré des matières obligatoires,

Certaines sont en option pour me former dans une fusion d'histoires,

Au cours de la vie, j'ai été attentif aux instructions du professeur d'insouciance,

J'ai été revigoré par son regard de confiance,

Au cours de responsabilité, le maitre m'a conseillé de ne pas être irresponsable,

Au cours d'insécurité, j'ai analysé le tempérament d'un vrai coupable,

J'ai tenu ma force d'homme au cours de faiblesse,

Parce que j'ai retenu toute sa promesse,

Durant le cours de grosse galère, j'ai obtenu de bonnes notes,

Ceci m'a fait connaitre mes vrais potes,

J'ai repris en main mon courage au cours d'espoir,

J'ai compris entre temps l'affliction des gens de couloir,

Au collège de la vie, il y a une option mensonge et vérité,

Je n'ai pas raté ses deux cursus, chacun a son utilité,

À l'école de la solitude, j'ai eu un bon potentiel,

Se satisfaire soi-même, c'est ce qui est essentiel,

À l'école de l'humanité, j'ai eu de bons professeurs,

Là, j'ai découvert le vrai visage des malfaiteurs,

Je suis totalement en colère au cours de bordel,

Mon indignation est vraiment un modèle,

Au cours de l'amour, j'ai été toujours au fond de la classe,

Je sais que dans ce monde, le vrai amour n'y a pas de place,

J'ai perçu au cours de liberté des gens en transe,

Ils sont prisonniers des nuits de souffrance,

Au cours de géographie, le professeur a ouvert le livre des plaies de la terre,

C'est sur cette étape que j'ai compris que l'humanité est bien en guerre,

À l'université de la vie, on ne finit pas d'apprendre,

Chaque erreur de la vie me conduit à mieux comprendre,

Au cours du travail, j'ai cohabité avec des collègues qui viennent en retard,

J'ai bien su que ce sont de vrais vantards,

J'ai retenu les grands traits de cette leçon,

Et je ne cesserai de le transmettre à ma propre façon.


## BRUIT DE LA BOMBE


Le monde n'a plus besoin de soldats,

Puisqu'il est miné par d'innombrables attentats,

Ils se réclament du «parti d'Allah»[34],

Voilà, on les appelle au Liban le Hezbollah[35],

---

[34] Le Hezbollah ou "parti d'Allah" est un parti politique libanais classé comme une branche terroriste par des pays comme les États-Unis, le Canada, Le Royaume-Uni…
[35] Idem

La terre est tourmentée par les plaies d'Afghanistan,

Le cri des morts résonne jusqu'au Pakistan,

Beyrouth ne respire plus le bon air du Liban,

Il n'y a plus de frontière pour le taliban[36],

La Palestine riposte grâce aux forces du Hamas[37],

La Syrie pleure le sang des martyrs de Damas,

Le terrorisme est comparable au venin de l'anaconda,

La terre est meurtrie par les détonations d'Al-Qaida[38],

La bombe est l'ennemi pur de la foule,

Le pistolet absorbe le sang innocent de Kaboul,

L'Afrique est entrée dans la danse de la fureur de Boko Haram[39],

Et c'est devenu un étincelant drame,

L'arme reste en ce jour une victime anodine,

La fusillade est l'ami intime d'Ansar Dine[40],

---

[36] Le mot taliban veut dire "étudiant" ou "chercheur" en arabe. Au fil du temps, le mot a connu une tournure négative et est taxé de terroriste.

[37] Est un mouvement de résistance islamique d'une branche politique et armée principalement présent à Gaza. Il mène des actions pour l'instauration d'un État Islamique en Palestine.

[38] Est une organisation terroriste islamique fondée en 1987.

[39] Est un mouvement terroriste issu du nord-est du Nigéria et ayant pour but d'instaurer la charia.

[40] Ansar Dine ou "Les défenseurs de la religion" est un groupe armé terroriste apparu au début de l'année 2012 et intervenant dans la guerre du Mali.

Ceci n'est pas la dernière intifada[41],

L'humanité ne cessera de prendre des notes sur cet agenda.


## CŒUR VIOLE

De passage dans cette vie, j'ai été violée,

Cet acte ne m'a pas auréolée,

On m'a amèrement volé ma virginité,

La flamme de mon essence est partie avec une telle fierté,

Jamais, je n'ai été aussi traumatisée,

Ces mots ne sont pas une distraction dramatisée,

À présent, à qui me fier ?

N'est-ce pas que dans la vie, il faut toujours se méfier ?

Depuis longtemps, cet être m'a guettée,

Sur ces termes, je peins les gouttes d'un sang embêté,

L'homme n'a plus de repère,

Il est dicté par l'esprit de Satan, son père,

Je suis au soir de mes longs jours,

---

[41] Est un mot arabe désignant soulèvement. C'est une révolte contre un régime oppresseur et aussi un mouvement populaire contre l'armée israélienne dans les territoires dévolus à l'autorité palestinienne (bande de Gaza et Cisjordanie).

Un désespoir corporel imprimé pour toujours,

Je rechercherai ce citoyen lâche,

Pour lui infliger le cri féroce de la hache.


## DÉTAIL DES MAUX


Il faut que j'écrive sur les maux du monde moderne,

Je m'adresse à Dieu en lui faisant des éloges,

Il voit l'humanité souffrir sans répit,

L'amour du Tout Puissant est de haut débit,

La terre a versé ses farouches larmes,

Je vois que les gens sont sans cœur,

Puis, j'hésite à parler de l'intolérance,

Égoïstes sont ceux qui nous dirigent,

Milieu où chacun déteste son prochain,

La pensée humaine est souillée de perversions,

Après, je parle bien sûr de tout ce qui est nature, paysage,

L'ennemi de l'environnement ne se cache que sur ce globe,

L'homme est coupable du crime de l'univers,

Les cendres du feu de la mort étouffent le soupir de l'avenir,

Je fustige le sadisme de certains,

Le vrai amour a été éteint par la panne des cœurs,

Le générateur de la vie juste ne peut contenir la puissance d'une vérité erronée,

Au fil des années, les idées des hommes changent,

Elles changent de manière négative,

Ceci n'est que la peinture indélébile des mots,

Des mots qui étalent le détail des maux.


## UNE GAIE'AIRE DE SOUFFRANCE


Je m'imagine dans un monde en pleine effervescence,

C'est que même nous avons oublié ou empiété notre essence,

D'Adam à Ève en passant par les prophètes, les royaumes jusqu'à nos jours,

La catastrophe et la rancune humaine sont toujours dans le centre de la Cour,

En période d'hostilité, les armes font preuve de grand mutisme,

Je parle de mutisme pour faire allusion à la philosophie de l'Existentialisme et de l'Humanisme,

Un triste sentiment que je n'aurai pas à omettre,

Se résume à des choses que les États et les Organisations ne devraient pas admettre,

Je veux seulement dire cette maudite, vilaine et avilissante guerre,

Ce mot me dégoute parce qu'elle est hors pair,

Quand le sabre ou le glaive émet un son, c'est le début de l'hécatombe,

Le sadisme d'Hitler, De gaulle, Mobutu, Kabila, Bush, Saddam Hussein… a engendré des tombes,

Je regrette vraiment de voir tant de personnes mourir,

Au Congo, en Casamance, en France, au Japon, en Côte d'Ivoire... j'ai vu des réfugiés courir,

Simplement fuir la mort et être de victimes rescapées,

Certains s'en sortiront comme des handicapés,

Les Juifs assommés lors du grand massacre de la Shoah,

Ont vu monter l'épouvantable venin du boa.

Je retrace la chaleur qu'a ressentie l'Homme,

Depuis qu'il a savouré la fameuse pomme,

Abel et Caïn se sont affrontés à travers un combat,

Cette volonté de persécuter s'est manifestée ainsi comme un ébat,

Des hommes ont attisé le feu qui somnolait au Congo,

Le virus de l'anthropophagie politique s'est infecté chez Bongo,

Tel père tel fils pour dénommer Bush et Bongo présidents,

Les réflexions d'un jeune ne se limitent pas à cent,

Je voudrais franchir un autre pas,

Je ne serai pas las,

Comme les dignes prélats,

Qui cordialement aiment partager l'amour avec leur prochain,

Ce qui est considéré comme un gain.

Je ne saurais me taire,

Jusqu'à ce qu'il n'y ait plus de guerre.


## LA PAROLE DE LA PLUME


Je laisse parler ma plume,

Elle a son mot à dire face à tous ces maux,

La dignité commence par l'intégrité,

La gentillesse demeure toujours au grand champ du cœur,

Ma plume est en déprime,

Par ces mots, elle s'exprime,

Contrariée, elle n'a aucune estime,

La main de l'homme l'opprime,

Ma plume est une amie de la feuille,

Face à la méchanceté, elle porte ses habits noirs de deuil,

Ma plume est malade du virus de cet univers,

Elle frissonne à cause de ce revers,

Ma plume a peur de la solitude,

Elle vomit son encre pour sympathiser avec le papier,

Elle compatit avec les sans-abris,

Elle tombe malade à cause du traumatisme humain,

Ma plume combat l'ignorance de l'humanité,

Elle est contre la souffrance de l'âme,

Vivre un nouveau jour est un cadeau,

Guérir le monde par ce pinceau est une bataille,

Ma plume pleure face aux yeux meurtris des enfants affamés,

Ma plume est infectée par l'hypotension financière du monde,

Elle est paralysée à cause de l'hypertension sanguinaire de certains,

L'ennui de ma main ne fera pas taire cette encre,

Ma plume est perçante comme les rayons de soleil.

## « L'AIGLE DE LA MORT»

Je suis vivant dans mon corps,

Mais meurtri dans mon cœur,

La balle a laissé voir son clan,

Le sang noir s'est contenté de côtoyer le Bataclan,

Je ressens la lourdeur des larmes de l'intérieur,

Mes yeux sont troublés par cette rouge sueur,

Celle qui laisse la tête hors de moi,

Je n'ai nullement abandonné ma foi,

La colère envahit la peine,

La méchanceté est la fille ainée de la haine,

Cette horreur n'aura pas mon ressentiment,

Alors, je me remets au Dieu Tout Puissant,

Une fois, j'aurai bien ma raison,

De ne pas compatir à cette énorme trahison,

J'ai vu la peur dans le regard de ces martyrs,

Affolés par le délire lâche de ces tirs,

Subitement, j'ai tourné mon âme vers les anges célestes,

Leur demandant, qu'ont-ils à subir encore dans l'autre vie plein de tests ?

Ce soir, j'allume une bougie à la fenêtre pour les victimes de l'horreur,

Car, ils ont vécu le spectacle d'une telle fureur,

Leur éclairer le très tôt chemin de la nouvelle existence,

Pour qu'aux Cieux, ils s'unissent par le cantique de la résistance,

Sous les enjambées musicales du groupe Eagles of Death Metal,

Je voyais arriver le sentier de la mort fatal,

Arrivée la mort par le chant du Devil,

C'est un acte vil,

Chaque balle dans le corps d'un tué aura été une blessure dans mon cœur,

Ce fait troublant m'a fait peur,

Vaincre la haine par le message de l'ignorance,

Seule la paix peut combattre la malveillance,

Je résous la rancune par la propagande de l'amour,

La source d'une arme ressemble à l'intérieur d'un four,

Je ne suis plus sur terre, mais je suis vivant,

Criblé de joie, au parfum d'Éden, je verrai mon corps luisant.

# LE FILS DE RUE

Moi, le fils de la rue,

Je suis au dehors d'un fœtus écru,

Chaque seconde de ma vie,

C'est la perception d'une existence desservie,

Je regrette d'être là,

Une histoire attristée et remarquable, voilà!

Indigné par la souffrance,

Je n'éprouve plus dans ma vie cette assurance,

Les enfants de tous les contraints du Brésil,

Pleurent le sort de cet épineux exil,

Le poids de cette plume estime le manque d'affection des gamins de la Tanzanie,

Versant l'encre de ce pinceau, je dessine le malheur des enfants de la Mauritanie,

Ici au mont de la rue, mes parents m'ont laissé,

Ceci m'a profondément blessé,

Cette présence scénique pénible,

Est en moi un désespoir horrible,

Je suis privé d'attention et d'amour,

Mon cœur pareil à la fournaise d'un four,

La rue est ma proche mère,

Elle est dès fois une muraille amère

Je suis assis sur une rue d'ombre,

S'expliquant par un destin sombre.


## L'INDIGNATION HUMAINE

Je suis vraiment surpris,

De cette existence de mépris,

Je suis devant des gens de plaisir,

Mais, je suis outragé par ce sentiment de déplaisir.


L'arme hostile est l'amie de la tristesse,

L'harmonie humaine est le remède de la détresse,

Je suis un être d'affection,

Révolté par l'ignorance décernée à l'indignation.


Je suis pour l'égalité de toutes les races,

Et ces mots y imprimeront des traces,

Ceux qui m'aiment sont à compter,

Ma volonté d'agir n'est pas à dompter.


Ceux qui sont dans le besoin,

S'estiment par de beaux gestes de partage et de soin,

Ce qui sera mon immortel bonheur,

C'est d'effacer les larmes de tout malheur.


## MALADIE DE FEU


SIDA, abominable danger du monde,

Dis-moi, d'où viens-tu, et pourquoi tournes-tu en ronde ?

Tu nous as mis dans la zizanie,

Ta force persiste comme une mélancolie,

Depuis des siècles, tu es un coupable,

Tu demeures toujours incurable,

La médecine ne peut pas pour l'instant nous venir en secours,

Nous sommes naïfs alors qu'on t'apprenait pendant nos cours,

Tes substances sont entrées dans nos entrailles,

C'est notre insouciance qui t'a fait gagner ces batailles,

Nous sommes comme un oiseau en cage,

Tu nous as pris en otage,

Ton royaume s'est bâti sur notre inconscience,

Et ta patrie est aujourd'hui l'objet d'une science,

Tu n'existes que pour notre malheur,

Ton décès fera notre bonheur,

Je jure qu'on va trouver le chemin du silence,

Aussitôt, tu seras en absence,

Tu n'auras plus de sens,

Notre corps refusera ta confidence,

Tu vas te tuer par toi-même,

Et on se protégera nous-mêmes,

Il n'y aura plus de virus,

Les savants te rayeront des pages du papyrus,

Pour aboutir dans une abondance,

Grâce à une éternelle alliance.

# MÉPRIS

J'écris parce que je ne comprends pas,

La vitesse de mes doigts prend le tempo d'un pas,

La peinture de mes mots est le fruit d'un incompris,

Je séjourne dans une école de vie de mépris,


Les larmes du monde font chavirer le navire de mon cœur,

Il n'y a jamais eu de jour où je n'ai pas peur,

Je souffre face aux hommes mordus par l'instinct de
l'inconscience,

Dû au violent silence de l'affirmation d'une démesurée science.


Je suis contre la haine de n'importe quelle race humaine,

Chaque peuple a une civilisation qui le mène,

Mon âme est fiévreuse face à ces gens racistes,

Cette encre rouge fulmine le regard de ces mots tristes.


Le droit humain n'est pas aisément respecté,

C'est l'être lui-même qui est impacté,

Je me déclare comme le procureur de l'humanité,

Ces paroles sont le reflet de la chute de la précarité.


## MON PISTOLET


L'insolence de l'homme est le germe des munitions de guerre,

Ses voix préfèrent les temps de la souffrance corporelle,

Ses paroles touchent le cœur des hommes affamés de pacification,

Ses discours ne veulent que du sang,

Voix meurtrie de Kigali,

Voix peinée de Cabinda,

Voix des martyres de Bissau,

Cri affaibli par les coups de feu du Liban,

Âme affolée par les huées des armes de Talibans,

L'hostilité a duré,

L'épée de la paix a surgi,

Elle vous baptisera martyrs,

Comme les bienheureux martyrs de L'Ouganda.

# UNE COLOMBE EN CAGE

Le monde a perdu sa maturité,

Plus personne ne peut déployer les ailes de la liberté,

Censé se taire,

Pour ne pas déplaire.


Ma bouche muette et sérieusement emprisonnée,

Se noie dans une nature close et déraisonnée,

Ce que je déchaine dans cet inconnu espace,

C'est de laver l'affront du sang de cette étrangère race.


L'oiseau est libre d'emprunter n'importe quel couloir,

L'être perdu ne trouve pas les clés pour se mouvoir,

L'expression du verbe est sévèrement en colère,

Fâchée par le monopole de la langue opprimée par la galère.


Les chaînes enfreignent la liberté de ma main,

Mais elles ne peuvent pas vociférer jusqu'à demain,

L'âme d'un mort a besoin de soutien,

L'essence d'un homme est de délier ce ténébreux lien.


## VIRUS SANGUINAIRE

Chagrin virulent de Luanda,

Frappe chaotique du Rwanda,

La vraie valeur du catastrophisme,

C'est de manier les éléments de l'archaïsme,

Le pistolet fécondant Bouaké,

Mots de politiciens abattant Souanké,

Stylo dénonçant le vrai blasphème,

D'une si grande erreur de nous-mêmes,

La vie est entourée d'arnaqueurs,

Qui se nourrissent de rancœurs,

Terre d'un homme meurtri par le néant,

Qui ne se reconnait plus comme un croyant,

Ange de Dieu parlant sous un vocable,

D'une lourde voix abattable,

Ventre contaminé par ce diamant viral,

Mettant l'être dans ce pénible paradis carcéral.

# LE LIVRE DE L'ETERNITE

L'Eternel a donné à chacun les graines pour ensemencer son champ sur terre. La fertilité du sol permet à l'individu de subsister à ses besoins. Les graines divines fructueuses sont les germes d'une bonne moisson pour rallier l'au-delà. Pour passer l'examen sur terre, il faudrait valider toutes les filières pour être inscrit dans le livre de l'éternité.

## L'ORPHELINAT DES RYTHMES

Les tambours sont aujourd'hui orphelins,

Le major du rythme s'est éteint,

Le tempo des pas de danse a cessé,

La fleur rose du tam-tam s'est fanée et renversée.


La symphonie de la musique pleure ses mélodieux mots,

Les phrases du doyen résonnent là-haut,

Le bâton fleuri hier ne se fanera plus,

L'harmonie et la mélodie de ton chœur nous ont plu.


Le seigneur de la foulée a œuvré pour le métissage culturel,

La percussion vivante sous les couleurs rituelles,

Au Ciel, les anges chanteront tes mélodies,

La cadence de tes doigts freine toute maladie.


Il a laissé cette fertile fleur de rose,

Ce poème exprime sa musique en prose,

Page 127

L'ambiance sur terre reste morose,

Au paradis, les chérubins réserveront pour une autre dose.


## UN VENDREDI SOIR


Jour de la mort de 130 victimes[42] sous le feu de la barbarie,

Il y a eu le concert des corps en galerie,

Un vendredi soir, au cœur de Paris en intempérie,

Le rire de l'ennemi venimeux est en furie,

La passion du loisir est volée durant cette soirée,

Chagrinée, la vie est la mère d'une telle souffrance démesurée,

Cette nuit est le masque de l'atrocité d'un grave carnage,

Le bataclan ressent la haine d'un sourd sauvage,

C'est le temps des âmes en détention,

Confirmé par cette macabre intention,

Au sol une piscine de sang,

Cette eau rouge défile comme la marée des vagues en rang,

Les tirs retentissent comme la rage d'une foudre,

---

[42] Série d'attaques-suicides et de fusillades perpétrées dans la soirée du 13 novembre 2015 à Paris et ses environs ayant causé la mort de 130 victimes.

Une colère furieuse parfumant l'odeur de poudre,

Accidentellement, retentit l'hymne de la mort,

Soudain, apparut le cantique de la nouvelle vie de réconfort,

Les morts ont passé le silence de l'ancienne vie,

Sur terre, ils n'en ont plus envie,

Les murmures de l'inoubliable arme dévoilée,

Résonnent comme une brutale reprise de volée.


## TOUS'SAINTS


Je suis né par les nuées de la poussière,

Et je repartirai par la cassure de ma peau de poussière,

Le jour où je serai au Ciel,

Ma dépouille ne verra plus la peinture de l'arc-en-ciel,

Le jour de ma mort, les anges viendront m'accueillir,

Au moment où ils se précipiteront pour m'ensevelir,

J'ai vécu par l'effet de l'air,

À présent, je suis dans une autre vie d' éclairs,

Avant, ma peau subsistait grâce à la boue de la terre,

Demain, mes os pourront se taire,

J'étais bercé par les offrandes du vent,

Mon âme s'élèvera aux Cieux par le souffle du courant,

Je trempe dans ce vécu terrestre, la source de mon eau,

La boue de mon corps passera par là-haut,

À la porte du paradis inédit,

Le Saint de la porte de l'Éden me dit,

J'ai été ce que tu es,

Et tu seras masqué par ces ombres obstruées,

Je suis de passage dans ce purgatoire,

Et, c'est ce voile qui me contraint à te voir.

# LES GRAINES DE L'ETERNEL

La foi est au début et à la fin de toute chose. Croire, c'est reconnaitre son appartenance au Seigneur. La croyance est l'ingrédient de l'âme de tout être humain. À la naissance, l'homme est consacré à son Dieu pour lui faire savoir qu'il est affilié à lui. Aussi, Après le cursus des dernières minutes de vie, l'homme est rappelé et remis à son Créateur. L'Éternel est de toute circonstance, l'Alpha et l'Oméga. Avoir foi en Dieu, c'est savoir germer les graines d'une vie terrestre pour moissonner les fruits d'une nouvelle vie. En tout cas, l'humanité est appelée à garder sa dévotion pour ne pas chavirer dans un océan malsain et inconnu. « Les graines de l'Éternel » se composent de sept poèmes. Le chiffre sept représente le nombre de jours pendant lesquels Dieu a créé l'Univers. Sept est la représentation des sept Cieux; il est aussi le jour saint d'appel à la prière pour toutes les confessions religieuses. Tout être est appelé à faire alliance avec le Seigneur pour fructifier son existence d'ici et d'ailleurs.

## ALLIANCE DIVINE

Adorer Dieu, c'est être pieux,

Croire à la divinité, ce n'est que se plier aux paroles des Cieux,

Vénérer Satan,

Montre qu'on est vraiment latent,

Qu'il est puissant le Seigneur,

Je trouve qu'il est le meilleur,

Tu ne m'as jamais laissé,

Mais, je t'ai tant blessé,

Toute l'humanité sait que tu es clément,

Mon repentir n'est pas un abaissement,

Je me soumets quotidiennement à ta loi divine,

En y ajoutant chaque soir cette graine souveraine,

Ma volonté est de te faire confiance,

Je conserverai sans arrêt mon alliance,

Parce que je sais que je garderai ma fidélité,

Qui sera mise dans les livres saints de l'éternité.

# APPEL À LA DEVOTION

J'écris en toute liberté,

En poursuivant ce chemin divin et de pureté,

Ma plume déverse les larmes de la discorde,

Face au déclin de la vraie miséricorde.


Je me libère et je me confie à ce Dieu,

Magistrat de la Terre et des Cieux,

Lui qui est mon berger,

Lui qui raffermit mon cœur déchargé.


Délivre-moi de tous mes remords,

Devant ta face, j'ai eu tort,

Tu déverrouilles ma langueur par ta clé,

Mon esprit s'illumine grâce à la force du paraclet.


Graine d'allégresse,

J'épanche tout simplement mes jours assombris de tristesse,

Cette prière,

Dois être le salut de ma lumière.

Eternel, tu m'entends,

Je veux refuser l'invitation de Satan,

Tu es le seul docteur qui peut me guérir,

Agis et je pourrais retrouver le vrai sourire.

Mon esprit est vide comme un bidon,

Viens, Seigneur et sois mon pardon,

La douleur, je l'ai endurée; je suis désolé,

Apaise mon âme et que ma foi soit auréolée.

## LE SECOURS DIVIN

Ma main ne peut cesser d'écrire face à cette ambiance,

Physiquement, je suis présent mais au fond de moi je ressens le poids de l'absence,

J'ai perdu en moi cette ferme confiance,

Face à ce recul de croyance.

Seigneur, je crois que tu me vois,

Mon cœur est dur comme du bois,

Mon chagrin, c'est ma croix,

Apaise mes émois.


C'est vraiment dur,

Mon âme est affligée par cette profonde fracture,

Viens, Seigneur, c'est toi qui me rassure,

Transforme ma vie en un océan pur,


Finis mes instants de déboire,

Mon Seigneur, tu es mon pouvoir,

Libère-moi de cet ombre du soir,

Fais jaillir dans ma vie cette graine d'espoir.


## SAIGNE'HEURE


**O** Seigneur, ma maladie est béante comme une tumeur,

Ma souffrance déambule comme une rumeur,

Je navigue dans le flot de l'innocence,

Le navire de mon corps coule dans l'indifférence,


Je me prosterne devant toi,

Je cherche en toi la vraie foi,

O Dieu, ne m'anéantis pas comme une étincelante braise,

De peur que je fane comme la chair d'une fraise.


Mon cœur, absorbé par la douleur,

Mes yeux se calcinent comme un arbre en chaleur,

Je suis vraiment dans une grande tourmente,

Mon âme chavire comme une pirogue délaissée de sa charpente.


Seigneur, viens poser sur moi ta douce main,

Pour que mes organes soient comme l'intérieur du pain,

Je reprends sur ces mots le dur supplice d'un récit,

Orné d'une endurante existence en déficit.

## « PAR'FAIT »

Oh Seigneur, prends-moi par la main,

Tes disciples souffrent péniblement de la faim,

Oh Dieu, entends cette profonde supplication,

Ton peuple accroupi dans des jours de lamentation,

Oh le Tout Puissant, tourne-moi cette page,

J'y ai lu un monde plein de gens de rage,

Oh Maître, balaye par ta grâce, le sang impur de cette terre,

L'homme y a souillé la voix de la guerre,

Oh Dieu de vérité, regarde les couleurs de ces clichés,

Dedans, il y a le portrait de tous les péchés,

Seigneur, j'ai perdu le combat de la tendresse,

Usure d'un milieu enterré par le manque d'allégresse,

Oh peuple de la terre, tu n'es pas parfait,

Même le sens du vrai amour est contrefait,

Oh Seigneur, l'argent a créé beaucoup de mécréants,

Il m'est facile de compter le nombre de croyants,

Oh Dieu d'amour, où est cachée la solidarité ?

Est-ce le déclin de la sympathie de l'humanité ?

# LE VENTRE CREUX

Pardon, pour ce blasphème,

Seigneur, des milliers de gens vivent dans la bohème,

C'est établi en eux la misère,

Aucun jour sans galère,

Cet univers leur est inconnu,

Ils ont emprunté un labyrinthe méconnu,

Le peuple de Dieu a faim,

Plus rien comme un coupe-faim,

La peine se reflète dans nos ventres creux,

Un tonneau vide, c'est très douloureux,

Ces enfants du Soudan,

Passent chaque jour des instants de ramadan,

Je vois la honte des os des gamins d'Éthiopie,

La disette est l'hymne de l'utopie,

L'hostilité est le tombeau de la famine,

L'humanité souffre de carence en vitamine,

Les larmes ineffaçables d'Afghanistan,

N'envient pas le ventre creux du Pakistan,

Je suis affamé par la saveur du fromage,

En vérité, cela est dommage,

Le désastre a donné faim à Haïti,

Introuvable, cette délicieuse sauce de spaghetti,

La famine est l'amie de la sécheresse,

Le pauvre, congelé dans une extrême paresse,

L'appétit est un orphelin en Somalie,

Ce poème est le message de cette anomalie,

Mon corps est sensible à la maigreur,

Plus jamais une telle erreur.


## « PAR'DON »


Le jour où je me retrouverai seul,

Je serai esseulé dans un linceul,

Isolé de mon épouse et de toute compagnie,

Je ne sais pas si je sentirai la fraicheur de l'accalmie,

Séparé de tous sauf de mes œuvres,

Exactement, mes actes seront-ils des témoignages pauvres ?

Ma première nuit dans la tombe sera terrible,

Mon cri ne sera pas audible,

En une seconde, j'ai perdu tout sauf le sac de mes actes,

Je noue sur ce présent monde de nouveaux pactes,

Je suis dans un obscur sous-sol,

Mon œuvre sur terre est mon parasol,

Je sens la terre qui me recouvre,

Sérieusement, le vrai calvaire, ainsi je le découvre,

Je ressens le vide en entendant le pas de mes proches,

Ça résonne comme la fragmentation de plusieurs roches,

Je suis dans la première demeure de l'Au-delà,

Eh bien ! M'y voilà !

Je moissonne les mauvaises œuvres de mes anciennes heures,

Mes bons actes auront comme récompense de belles demeures,

Dans ma propre demeure, je ne pourrai plus me repentir,

Il me sera difficile de mentir,

Ni même retourner sur terre pour y refaire de bonnes actions,

Mon corps sera purifié par toutes ces corrections,

Hélas ! La cloche a sonné ! Mes remords n'y changeront rien,

Je ne peux plus redoubler à faire le bien,

Trois choses ont suivi mes noces funèbres,

Ils ne seront pas poursuivis par la traque des ténèbres,

À l'allée de ce dernier virage, j'ai vu ma famille, mes actions et mes biens,

J'ai perdu tous mes liens,

Sur Terre, s'en va ma richesse,

J'éprouve une profonde tristesse,

Mes péchés ne peuvent pas s'offrir les portes du paradis,

Les os de mon corps seront maudits,

Mon âme est refusée par les gardiens du temple,

Mon vécu en est un lourd exemple,

Ma chambre à coucher sera ce sol que je vois,

Ne plus y être sera de grands exploits,

Mes meubles seront cette nouvelle terre inconnue,

C'est une décision divine bien convenue,

J'étouffe dans cet espace aminci par mes mauvaises actions,

C'est comme le spectacle d'un film plein de fictions,

Qu'ai-je semé pour ma propre tombe ?

Est-ce le poids d'une bombe ?

Qu'ai-je fait de tous mes jours ?

Simplement, j'y ai cultivé la mauvaise herbe pour toujours,

Cette mort est un examen obligatoire,

Sans doute, je dois franchir les escaliers du purgatoire,

O serviteur du Dieu Tout Puissant,

Sois sur terre croyant, luisant, pénitent…

Repentez-vous !

Car le malheur de la tombe vient de nous,

Sur Terre, je regrette de ne pas croire à ce que Dieu m'accorde,

Je prie sa divine bonté pour une éternelle miséricorde.

# EMPREINTE DE LA VERITE

À la course de la vie, la vérité rattrape toujours les pas du mensonge. Ce dernier ne peut suivre le rythme effréné de la justesse. La contrevérité et la véracité sont des ennemis et chacun évite l'autre pour ne pas sombrer sans empreinte. Dans ce monde, l'humanité est indifférente à la vérité. Ce désintéressement a provoqué le tsunami de celle-ci. « Empreinte de la vérité » est composée de dix poèmes qui illustrent l'importance qu'a la vérité pour Dieu. Ces dix poèmes sont le message des dix commandements de Dieu. L'ombre du mensonge ne peut trôner devant la face juste.

# DANS TOUT ÇA

Dans la conscience d'un être de génie,

Il y a un bon sens qui nie,

Dans la mémoire d'un savant,

Il y a le reflet d'un esprit intelligent,

Dans la sensibilité d'une admirable mère,

Il y a toujours de l'amour maternel derrière,

Dans le cœur d'un bon dirigeant,

Il y habite un lien prévenant,

Dans la pensée d'un agonisant,

Il y a l'ombre d'une mort venant,

Dans les mains laborieuses d'un paysan,

Il y a les traces d'épi nourrissant,

Dans le défilé des graines de chapelet d'un adorateur,

Il y a la proximité du Dieu Créateur,

Dans le royaume aimanté de Satan,

Il y a l'attirance d'un péché dévorant,

Dans l'âme d'une femme amoureuse,

Il y a visiblement une jalousie vigoureuse,

Dans les pas d'un individu de haine,

Il y niche en permanence une attitude de gêne,

Dans le cerveau d'un auteur,

Il y a réellement un regard créateur,

Dans les difficultés de tout être en existence,

Il y a le signe d'un présent de résistance,

Dans tout ce que l'on fait,

Il y a l'empreinte de l'histoire qui retrace la véracité des faits.


## LE CERCLE VICIEUX


**J**'endure avec amertume, dans cet univers, une rage de vivre,

L'école de la vie est incessamment ivre,

Bien qu'elle soit si éphémère,

Elle est la maitresse d'une langue de commère.


Je me retrouve dans un décor vicieux et immonde,

Perdu par l'effet de l'égocentrisme du monde,

Chaque jour, l'homme ensemence les graines du crime,

Sa moisson remplit le grenier de la déprime.

À l'heure où la solidarité est vraiment détruite,

Est respecté celui qui y a une mauvaise conduite,

Le regard des justes est malheureux,

L'appel du diable est le bienheureux.


Mon entourage est silencieux de tous ces ravages,

Il est rassasié par l'abondance de toutes ces rages,

Mon vécu sur terre se conjugue à l'imparfait,

Miné par la confiture mélancolique d'un tel méfait.


## LE COURS DE L'AN


À l'école de cette année qui finit,

J'ai remarqué la tristesse du souffle de ces jours définis,

Je n'ai jamais raté aucun jour de cours,

J'ai pu réussir aux devoirs de tous les jours,

Des moments de malheur,

De bonheur,

J'en ai reçu,

Plusieurs fois déçu,

Chaque goutte de mes larmes,

Devenue le reflet de mon combat avec des armes,

J'ai bien maitrisé mes devoirs transformés en échec,

Surement, tout ne rassure pas, mais on se débrouille avec,

J'ai suivi la philosophie du professeur de la perfection,

Et, j'ai été noté sur une imprévue imperfection,

J'ai raté l'examen de la mort,

L'ange du souffle m'a dit que je ne serai pas à bord,

Je reste finalement sur Terre,

En y accomplissant ma prochaine mission de guerre,

L'école de cette année est la vitrine des défunts,

Ils ont versé la senteur éplorée de leurs parfums,

J'ai noté les recommandations de la vraie dévotion,

Une croyance divine qui y a sonné comme une raison,

Certains de mes voisins n'ont pas touché au trésor,

D'autres ont eu à voir la couleur de l'or,

Je retrouve les bonnes notes des jours et mois passés,

Mais je pleure l'âme de mes proches trépassés,

Je navigue à bord d'une nouvelle année inconnue,

Je prie pour que tous aient un lendemain de bienvenue.


## « LE JUGE'MENT »


L'homme se voit comme son propre juge,

Il efface toutes les traces éventuelles du déluge,

C'est très délicat

D'aborder les maux de cette société d'avocats,

La plaidoirie de l'arbitre est déloyale,

Ses mots sont sous la possession d'une arme royale,

Coupable ou pas coupable,

Vraiment, il peut ne pas en être responsable,

Sous l'éclair de la vérité du prétoire,

Le condamné prononce les points de sa cruelle histoire,

Seule force pour conquérir l'audience du tribunal,

C'est de ne pas être inculpé dans un jugement arbitral,

Il est négligemment accusé,

Peut-être que c'est le début d'un enfer refusé,

Qu'en est-il de cette ferme vérité ?

Peut-être que l'inculpé est jugé avec fausseté.

## LE PASSAGE SUR TERRE

J'ouvre mon éminent œil,

Comme l'éclosion d'un poussin dans un œuf,

Venu dans cette si éphémère Terre, tout seul,

Demain, esseulé dans un simple linceul,

Né, sous le regard de la poussière.

Je mourrai après la moisson de la rizière,

Ma vie ressemble à une nuit de songe,

Plus tard, je périrai à cause de la force du mensonge,

Dans cette vie où tout est comme une course,

Au paradis, les anges réclameront ma source,

Sur Terre, j'ai vécu dans des moments d'outrage,

En enfer, je verrai l'éternel feu en orage,

Mon âme a toujours voulu une existence en douceur,

Ça m'a mené dans un futur en douleur,

Étais-je si soigneux ?

Avais-je des actes pieux ?

Devenu comme le rythme d'une chanson,

Mon avenir se décline en un jour de frisson,

Comme le destin passager d'une rose,

Ma créature se résume à une feuille morose.


## LE TSUNAMI DE LA VÉRITE


Je suis un homme public,

Et je suis atypique,

Je ne dispose que d'inutiles mots,

Alors que le peuple exprime ses propres maux,

Incapable de résoudre le nœud de ce problème,

Ce qui est survenu comme un prédominant emblème,

J'ai perdu la gestion de l'art de la cité,

J'en suis même dépité,

La chose publique est exténuée de toutes ces paroles,

Elle a besoin de gens qui répondent à leurs rôles,

L'argent est le socle de mes querelles,

La tromperie est l'impression de ces séquelles,

Je suis heureux d'avoir gagné ma vie de corruption,

Je le ressens comme la montée d'une montagne en éruption,

J'ai la paresse d'ouvrir mon esprit sociable,

Étoffé par la clameur de mes partisans d'avidité minable,

Définir la politique,

C'est y inclure la vraie éthique,

La voix du peuple est celle du député,

Eh la! Une fois dans l'assemblée aphone et amputée,

J'ai l'habitude de porter la tenue de ministres,

Je sais que mon peuple vit dans des situations sinistres.


## OCCIDENT D'EN BAS

L'Occident est l'ivresse de vivre par le déluge de petites choses,

Chaque jour, l'air flaire le parfum des tasses de café,

Les bouches se réjouissent de l'arôme des croissants du matin,

De belles femmes en robe souriant volontairement dans la rue,

L'odeur du pain chaud des pâtisseries impose son goût aux passants,

Une bouteille de vin que l'on se partage entre amis,

Dans les grandes avenues, les filles poursuivent l'arôme des hommes,

Les enfants jouent dans les jardins sans se soucier du grêle,

Le pouvoir de ne croire en aucun dieu,

De s'amuser de la fusion mesquine des calories,

De priser le sexe hors mariage,

De prendre des congés pour jouir de l'appétit des vacances,

De parcourir les pages de n'importe quel livre,

De parfaire le monde par l'innovation scientifique,

D'aller à l'école gratuitement,

Se railler des prélats comme des politiciens,

De n'avoir plus de temps pour dire merci à Dieu,

De dire ce que l'on veut par la puissance de la libre expression,

De vivre seul à la maison sans l'aide d'autrui,

De ne pas s'inquiéter de la vie après la mort.

Le navire de l'Occident chavire sous les vagues de la vie,

Plus besoin de lui apprendre le vrai sens de l'école de la vie.

## OMBRE DU JOUR

Oublier la vie parce qu'elle est éphémère,

Elle a englouti l'âme de la grand-mère,

Oublier de se concentrer sur les jours sombres,

Car ils ne vous sortiront pas des décombres,

Oublier de vous engouffrer dans la haine,

Elle est le passage à la lourde peine,

Oublier de parfaire son avenir,

C'est briser les vertus de son devenir,

Oublier d'aider son frère en difficulté,

C'est lui ôter le pouvoir de toute faculté,

Oublier que la nature est l'ami de l'homme,

C'est s'effacer soi-même par la force d'une gomme,

Oublier que le soleil est le maître du jour,

C'est aimer la mélodie sans le tambour,

Oublier de croire au Dieu de miséricorde,

C'est nier tout ce qu'il nous accorde,

Oublier d'enterrer les lignes du désespoir,

C'est répudier les vérités de l'espoir,

Oublier que la vie est un escalier,

C'est ignorer l'effet du vent sur un voilier,

N'oubliez pas de relier l'aventure de la vie,

Parce qu'elle n'est que la chaîne qui nous lie.


## SIGNE DE VÉRITÉ


J'ai appris que la mort peut arriver par surprise,

Que de grandes larmes de peine peuvent devenir un ruisseau de bonheur,

Que le paresseux n'atteindra jamais le haut de la montagne,

Que celui qui aime son prochain recevra l'amour des autres,

J'ai appris que le ciel peut à tout moment changer de couleur,

Que l'eau de la mer ne change jamais de goût,

Que le visage du vent ne sera nullement découvert,

Qu'être malade ne veut pas dire être trépassé,

J'ai appris que le silence est la mère de l'abstinence,

Que la peau de l'Africain gardera toujours ses pigments noirs,

Que le chemin de la vérité est plus long que celui du mensonge,

Que la tradition ne se perd pas,

J'ai appris que le vol d'un oiseau se termine toujours par un atterrissage,

J'ai appris tant de choses dans ce si petit espace,

Les vérités ne cessent de se dévoiler,

Elles finissent par trahir le mensonge,

J'ai appris que l'intolérance hait le pardon,

Ces mots témoignent des signes de vérité,

Ils ne finiront pas de dépeindre les pas de la justesse.

## VÉRITÉS D'AILLEURS

La plus digne des qualités reste la gentillesse,

Mais le monde d'aujourd'hui en a fait une faiblesse,

Le plus affligeant de toutes les valeurs,

Reste la force de la rancœur d'ailleurs,

Le plus gros ennui du cœur,

Demeure le zèle de l'insouciance moqueur,

Notre âme agit face aux sentiments vulgaires,

Nul n'est à l'aise dans ces atmosphères contraires,

Le plus grand vice des gens demeure le mensonge,

En revanche le sens commun en a fait une histoire de songe,

Le plus attristant de tous les sorts,

C'est que nous ferons partie un jour du rang des morts,

Le plus grand fardeau de la prison,

Est que le détenu ne peut voir l'horizon,

Le plus grand handicap d'une vie de malheur,

C'est de ne pas vivre dans le bonheur,

Nous resterons toujours des êtres authentiques,

Mais nous ne serons jamais des personnes identiques.

# Table des matières